Lengua +

6 PRIMARIA

Tareas y destrezas comunicativas

El libro Lengua +, para 6.º de Primaria, es una obra colectiva concebida, diseñada y creada en el Departamento de Ediciones Educativas de Santillana Educación, S. L., dirigido por **Teresa Grence Ruiz**.

En su elaboración ha participado el siguiente equipo:
Zita Arenillas Cabrera
Araceli Calzado Roldán
Susana Gómez Sánchez
Sagrario Luna Rodríguez
Mónica Mendoza Abad
Luis Navarro Torre
Paula Rojo Cabrera
Concha Romero Suárez

ILUSTRACIÓN
Ximena Maier
Alexandre Fernández

EDICIÓN EJECUTIVA
Rosario Calderón Soto

DIRECCIÓN DEL PROYECTO
Leonor Romo Fernández

DIRECCIÓN Y COORDINACIÓN EDITORIAL DE PRIMARIA
Maite López-Sáez Rodríguez-Piñero

Las actividades de este libro no deben ser realizadas en ningún caso en el propio libro. Las tablas, esquemas y otros recursos que se incluyen son modelos para que el alumnado los traslade a su cuaderno.

SANTILLANA

Presentación

Lengua+ es el nuevo proyecto de Santillana destinado a los profesores y profesoras que buscan una nueva manera de enseñar Lengua.

Lengua+ presenta un ENFOQUE FUNCIONAL del aprendizaje, de carácter más comunicativo, que se centra en las destrezas básicas (hablar, escuchar, leer y escribir). Se propone un trabajo por tareas que facilita este enfoque, ya que los alumnos y alumnas saben qué están haciendo y para qué lo hacen.

Lengua+ tiene una ORGANIZACIÓN FLEXIBLE, que permite al profesorado decidir cuándo, qué y cómo enseñar. El material se estructura en bloques de tareas y en talleres, que se pueden combinar libremente.

Los bloques de tareas constituyen el elemento central del material, ya que apuntan a los aspectos esenciales del área. Las bandas de color situadas al margen indican su distribución en el libro:

COMUNICACIÓN ORAL

COMPETENCIA LECTORA

ESCRITURA

COMPETENCIA LITERARIA

En las tareas del bloque de Comunicación oral se incluyen actividades de comprensión que se realizarán escuchando las grabaciones del CD (programas de radio, noticias, anuncios...). Dichas actividades se identifican en el libro con un icono.

Las tareas del bloque de Competencia lectora permiten trabajar la comprensión sobre un amplio banco de textos de distinta tipología y extensión, en el que se incluyen cuentos, biografías, instrucciones, textos informativos y descriptivos...

En el bloque de Escritura, a través de la realización de actividades eminentemente prácticas, se guía a los alumnos y alumnas para que sean capaces de escribir distintos tipos de textos de uso frecuente: descripciones, artículos de opinión, cuentos, reportajes, carteles, blogs...

En el bloque de Competencia literaria se presentan los contenidos esenciales de literatura y se proponen actividades prácticas y de creación a partir de la lectura de textos literarios.

Los talleres se desarrollan en fichas de trabajo breves y prácticas y sirven de complemento a las tareas. En este curso se ofrecen un **Taller de vocabulario**, un **Taller de gramática** y un **Taller de ortografía**.

Lengua+ favorece un APRENDIZAJE ACTIVO, en el que la motivación y la emoción son premisas fundamentales. Por ello, Santillana ofrece un material en el que se mezclan lo oral y lo escrito, lo individual y lo colectivo, el juego y la creatividad...; un material que va más allá de la lectura y la resolución de actividades. Los alumnos y alumnas hablarán en público, realizarán sus propias producciones escritas y podrán guardar algunos de sus trabajos en un porfolio personal.

Tabla de contenidos

COMPETENCIA LITERARIA

TALLERES

Vocabulario

Gramática

Ortografía

* Al final del taller se incluyen los modelos de conjugación y los verbos irregulares más frecuentes.

COMUNICACIÓN ORAL

TAREA 1. Hablar de ti

1 **Hablad en clase sobre distintas situaciones en que sea necesario presentaros y decir cómo sois.**

¿Cuándo ha sido la última vez que has tenido que hacerlo? Cuéntalo en clase.

Comenta...

- Si fue ante una persona o ante muchas.
- Lo que contaste sobre ti.
- Si te costó o no y por qué.

2 **Imagina y explica el motivo de tu elección.**

¿Qué serías tú si fueras...? ▶ • un instrumento musical • una planta • un animal

3 **Anota en una hoja para hablar de tus gustos.**

un deporte | una canción | una película | un libro

Jugad en grupo a adivinar los gustos de los demás.

Poned todas las hojas juntas y, por turnos, coged alguna al azar. Deberéis leer el contenido para intentar adivinar a qué persona corresponde.

4 **Explica con tus palabras cómo es una persona...**

- habladora
- miedosa
- abierta
- vergonzosa
- optimista
- cariñosa
- inquieta
- reflexiva
- humilde
- alegre

En cadena, decid los adjetivos opuestos a los anteriores.

5 **¿Cuál es tu principal cualidad? ¿Y tu principal defecto?**

Comentad por parejas lo que habéis pensado.

6 Escucha el audio y contesta.

- ¿Qué personaje cuenta su historia?
- ¿A qué se dedicaba?
- ¿Qué cuenta sobre su familia y sobre su vida?
- ¿Qué importante descubrimiento hizo?
- ¿Cómo influyó en su vida ese descubrimiento?

7 Imagina que tienes que contarle a alguien que no te conoce cómo es tu vida y explica lo que haces normalmente.

los días de diario | los fines de semana | en vacaciones

8 ¿Qué te gusta más hacer? Elige o añade otra afición y explica por qué te gusta especialmente.

Dibujar.

Escuchar música.

Leer.

Hacer deporte.

TOMA LA PALABRA

- **Vas a grabar una presentación hablando sobre ti.**

Prepara un guion de lo que vas a contar y anota:

- Los datos que vas a dar sobre ti y sobre tu familia: nombre, edad, dónde naciste, cuántos sois en la familia...
- Tus principales rasgos físicos y de carácter.
- Lo que sueles hacer y cuáles son tus principales gustos y aficiones.

- **Graba tu presentación y ponla otro día en clase.**

Tus compañeros y compañeras te valorarán empleando esta tabla:

CONTENIDO		CORRECCIÓN	PRONUNCIACIÓN
¿Ha dado toda la información para presentarse bien?	¿Ha seguido un orden lógico para describirla?	¿Se ha expresado de una forma correcta?	¿Se ha entendido bien todo lo que ha dicho?

TAREA 2. Hacer un noticiario

1 **¿Recordáis noticias que os hayan llamado la atención? Hablad en grupo y contad los datos más importantes.**

Yo recuerdo la noticia de un lince ibérico que llegó hasta Cataluña desde Portugal. ¡Recorrió un montón de kilómetros!

Explicad cómo os enterasteis de esas noticias: por la radio, por la televisión, por alguien de la familia...

2 **Escucha con atención las noticias y contesta a estas preguntas:**

¿Qué ocurrió? ¿Quiénes intervinieron? ¿Dónde sucedió? ¿Cuándo ocurrió? ¿Cómo ocurrió?

¿Qué otro nombre le pondrías a la sección del noticiario de radio que incluyese las noticias anteriores? Explica tu elección.

Puedes elegir entre estos o pensar otro que te inventes.

Noticias de la naturaleza

Noticias curiosas

3 **Lee esta noticia como se haría en un programa de radio.**

Primera carrera en tándem

Ayer domingo se celebró Entre Dos, la primera edición de una carrera en tándem organizada en nuestra localidad. En ella han participado treinta parejas de ciclistas. Todo un éxito para una modalidad de ciclismo tan especial como esta.

La prueba se desarrolló con una gran presencia de público, que abarrotaba los arcenes de la carretera para animar a las personas participantes.

La pareja ganadora fue la formada por las gemelas Adela e Irene, que se mostraban contentísimas ante nuestros micrófonos.

Representad entre tres la entrevista que se podría añadir al final de la noticia.

Deberá consistir en una felicitación por parte de quien haga la entrevista y unas breves palabras de las ganadoras.

4 **Escribe una noticia sobre el triunfo de la selección española femenina en el mundial de baloncesto.**

Incluye los siguientes datos y no olvides inventar un titular atractivo.

Medalla de bronce	Mundial Femenino de Baloncesto
Celebrado en Tenerife	30 de septiembre de 2018
Victoria frente a Bélgica	Resultado: 67-60

Lee la noticia a tus compañeros y compañeras.

Intenta hacerlo con expresividad y poniendo emoción en tus palabras.

5 **¿Qué buena noticia te gustaría conocer cualquier día al levantarte? Cuéntala.**

Piensa en noticias beneficiosas para mucha gente.

Imagina cómo darías en la radio el titular de esa noticia.

> Y ahora, una increíble noticia...

TOMA LA PALABRA

Formad grupos para preparar un noticiario de radio siguiendo estas pautas:

- Seleccionad las noticias que ofreceréis en vuestro programa y redactadlas de forma breve.
- Decidid quién leerá cada una y en qué orden lo hará.
- Pensad el nombre del programa y la presentación.
- Elegid una música para la sintonía y para cambiar de noticia.
- Ensayad y grabad el noticiario.

Poned vuestras grabaciones en clase y pedid a los demás grupos que os valoren usando la siguiente tabla:

CONTENIDO		PRONUNCIACIÓN	RITMO
¿El programa informativo ha sido interesante?	¿Se han entendido con claridad todas las noticias?	¿El volumen y la modulación de la voz han sido adecuados?	¿El programa se ha desarrollado sin dejar espacios vacíos?

TAREA 3. Comentar un cuadro

1 **Escucha y contesta sobre la exposición de la que se habla.**

- ¿En qué museo se celebra la exposición?
- ¿Qué título tiene? ¿Qué se puede hacer en ella?
- ¿A quién va dirigida? ¿Qué le ha parecido al público existente?
- ¿Por qué se ponen gafas de cartón las personas que ven bien?

2 **¿De qué cuadro se habla en el audio? ¿Quién es su autor?**

Observa la imagen y explica lo que te llama la atención de él.

3 **Imagina que has ido a la exposición *Hoy toca el Prado*. Cuenta lo que podrías decir sobre el cuadro anterior.**

4 **Observa el cuadro que aparece a la izquierda y contesta a las siguientes preguntas:**

- ¿En qué se parece al cuadro de El Greco?
- ¿En qué se diferencia?
- ¿Te parece un cuadro más moderno o más antiguo que el anterior? ¿Por qué?
- ¿Cuál de los dos cuadros te gusta más? ¿Por qué?

Paul Alexandre ante una vidriera, de Amedeo Modigliani.

5 **¿Habéis estado alguna vez en un museo? Hablad en clase sobre ello.**

Decid en qué ciudad estaba, qué tipo de obras tenía, qué fue lo que más os gustó…

6 **Explicad en grupo el significado de estas palabras relacionadas con la pintura.**

Si es necesario, consultad el diccionario.

bodegón	retrato	acuarela	óleo

7 **Habla en clase sobre tu experiencia con la pintura.**

Cuenta si te gusta pintar, qué sueles emplear para hacerlo…

Imagina el cuadro que te gustaría pintar y di cómo sería.

8 Observa y contesta.

- ¿Qué aparece representado en el cuadro?
- ¿Qué hay al fondo?
- ¿Qué hay en primer plano?
- ¿Cómo son los colores?
- ¿Qué te llama más la atención del cuadro?

Un día de verano,
de Henri-Gaston Darien.

9 ¿Qué os sugiere el cuadro anterior? Haced una lluvia de ideas.

Explica tu opinión sobre ese cuadro.

Debes decir si te gusta o no y qué sentimientos te transmite.

TOMA LA PALABRA

Vas a comentar un cuadro en clase.

Sigue estos pasos:

- Busca y elige un cuadro que te guste especialmente en un libro de arte o en internet.
- Toma nota de los datos principales del cuadro: su título, su autor o autora, el año en que lo pintó…
- Observa el cuadro detenidamente y explica qué elementos te llaman más la atención y dónde se encuentran.
- Anota otras características del cuadro: cómo son los colores, la luz…
- Explica brevemente lo que te sugiere el cuadro y las impresiones que te produce.

Expón en clase tu comentario a la vez que muestras una imagen del cuadro.

Luego, valorarás cómo lo has hecho usando esta tabla:

CONTENIDO		ENTONACIÓN	RITMO
¿Has dado los datos principales del cuadro?	¿Has comunicado bien tu opinión y tus sensaciones?	¿Has transmitido entusiasmo en tus palabras?	¿Has hablado con naturalidad y sin vacilaciones?

TAREA 4. Hablar sobre un libro

1 **En grupos, haced una lista de libros que os hayan gustado.**

Contad algo que os parezca destacable de cada uno de los títulos que propongáis.

> Me encantaron los *Cuentos para jugar* porque todas las historias tienen tres finales distintos. ¡Me pareció una idea genial!

2 **¿Qué tipos de libros son tus preferidos? Explícalo en la clase.**

de misterio

de aventuras

de ciencia ficción

de terror

Formad grupos según vuestras preferencias y hablad sobre ellas.

Podéis comentar qué libros habéis leído de ese tipo, qué os gustó más de ellos...

3 **Escucha el audio, toma algunas notas y contesta a estas preguntas:**

- ¿Qué personas hablan?
- ¿Qué libro comentan?
- ¿Qué destaca cada una de él?
- ¿Para qué crees que comentan ese libro?

¿Os gustaría crear un canal de vídeo para hablar sobre libros? ¿Qué nombre le pondríais a vuestro canal? Comentad en clase.

4 **¿Cuáles de estos datos del libro se ofrecen en el audio?**

Volved a escucharlo para contestar.

- Título.
- Nombre del autor.
- Año de publicación.
- Número de páginas.
- Número de lenguas a las que se ha traducido.
- Editorial.
- Nombre del ilustrador.
- A quién está dedicado.

5 **Busca en internet información sobre el autor de ese libro y cuéntala en clase.**

6 ¿Qué te parece adecuado hacer a la hora de comentar un libro? Explica por qué.

- Informar sobre el lugar y la época en los que se desarrolla la historia.
- Hablar de los personajes principales y de otros con peso en la historia.
- Explicar el argumento con claridad, de forma ordenada y resumida.
- Dar muchos detalles sobre todo lo que pasa en la historia.
- Contar los hechos más curiosos e interesantes, incluido el final.
- Ofrecer opiniones personales que animen a su lectura.

7 Proponed en grupo fórmulas con gancho que sirvan para atraer la atención del público lector sobre un libro.

No podrás…

El libro que…

8 Lee y sustituye las palabras destacadas por las que tengan un significado parecido.

No puedo decir más sobre el argumento de la historia **sin destriparla**.

- sin descubrir el final.
- sin analizar el final.

TOMA LA PALABRA

Vas a preparar la presentación de un libro en clase.

Sigue estas indicaciones:

- Elige un libro que conozcas y que creas que puede gustar.
- Anota todos los datos esenciales del libro: nombre del autor o la autora, título, editorial, número de páginas…
- Resume lo que vas a contar del argumento. Piensa también lo que no vas a decir para no desvelar el final.
- Escribe la opinión personal que quieres destacar sobre ese libro.
- Ensaya la presentación.

Haz la presentación en clase intentando transmitir entusiasmo por el libro.

Tus compañeros y compañeras te valorarán usando esta tabla:

CONTENIDO		CORRECCIÓN	RITMO
¿El argumento se entiende con claridad?	¿Su opinión ha logrado despertar interés por el libro?	¿El vocabulario empleado ha sido adecuado?	¿ La exposición ha sido amena, ágil y expresiva?

TAREA 5. Hacer una campaña publicitaria

1 ¿Dónde suelen aparecer anuncios? Decid todos los medios y lugares que se os ocurran.

2 Escucha los anuncios y contesta sobre cada uno.

- ¿De qué trata? ¿De qué pretende convencernos?
- ¿Qué eslogan utiliza?

Di cuál de esos anuncios te gusta más y explica por qué.

3 Por parejas, observad estos anuncios y elegid cuál es su finalidad.

Animar a practicar deporte.	Animar a actuar con deportividad.

¿A quién creéis que van dirigidos esos anuncios? ¿Qué diferencias hay entre ellos?

4 Leed en voz alta los textos de los anuncios como se haría en la radio.

Elegid la información que daríais de cada uno. Podéis hacer pruebas grabándolos.

5 Inventad eslóganes breves sobre el tema de los anuncios anteriores para estamparlos en estos objetos.

6 En pequeños grupos, leed estos textos basados en los mensajes de los anuncios y recitadlos a ritmo de rap.

El respeto es una cosa
que nunca puede faltar.
Si practicas un deporte,
debes siempre respetar
a quien juega en tu equipo
y también a tu rival,
a aquel que te está entrenando
y al que te vaya a arbitrar,
al público asistente...
¡y al resto de la gente!

Jugamos limpio.
Jugamos sin parar...
Pero siempre, siempre
con deportividad.
¡Con deportividad!
Con deportividad
y mucho respeto...
¡El deporte es perfecto!

¿A qué personas creéis que les gustaría esa forma de difundir las ideas?

7 Realiza un listado de temas para hacer una campaña publicitaria.

Pueden ser temas atractivos para vuestra edad o de interés general.

¿A qué público podría ir dirigida cada campaña? ¿Dónde pondrías los anuncios?

8 Toma nota de la información que debes incluir en cada anuncio sobre el tema de la campaña.

TOMA LA PALABRA

En pequeños grupos, vais a preparar una campaña publicitaria.

Seguid estas indicaciones:

- Elegid el tema de vuestra campaña.
- Decidid los distintos tipos de anuncios que haréis: de radio, impresos...
- Elaborad los diferentes anuncios incluyendo en cada uno de ellos un eslogan original y con fuerza.
- Pensad quién presentará cada anuncio al resto de la clase.

Presentad en el aula los anuncios de vuestra campaña. Después, el resto de la clase valorará vuestras intervenciones.

CONTENIDO		ENTONACIÓN	RITMO
¿Ha quedado clara la finalidad de la campaña?	¿Los eslóganes han sido atractivos y ocurrentes?	¿La lectura de los eslóganes resultaba expresiva?	¿Han hablado de los distintos anuncios sin detenerse?

TAREA 6. Guiar un recorrido turístico

1 **¿Qué crees que puede ser útil para hacer un recorrido turístico por una ciudad?**

una enciclopedia	una guía de viajes
un plano	un atlas
un guía turístico	un autobús turístico

Contad en clase vuestras experiencias en los viajes.

2 **Escucha el audio con atención y anota el nombre de los siguientes lugares que menciona la guía.**

- del castillo
- del palacio
- del río
- de la iglesia
- de la plaza
- del parque

Vuelve a escuchar el audio siguiendo el plano. Después, explica el recorrido que hará el grupo de los turistas a la vuelta.

Intenta recordar las palabras de la guía para incluir algunos de sus comentarios.

3 **¿Qué monumentos de Tozalba va a ver ese grupo de visitantes con ayuda de las audioguías?**

¿Cómo crees que funciona una audioguía? Explícalo en clase.

4 **Elige uno de estos textos y léelo como se haría en una audioguía.**

Le damos la bienvenida al Palacio de los Espejos. Uno de los principales atractivos de este palacio es su amplia y variada colección de espejos. Tanto en sus pasillos como en sus señoriales estancias podrá admirar estos preciosos objetos decorativos pertenecientes a distintas épocas y de una gran diversidad de estilos. Preste atención, asimismo, a las numerosas vitrinas que atesoran valiosas piezas de tocador. ¡Adelante! ¡Comience la visita!

Empiece la visita. Como va a poder ver en breve, el Palacio de los Espejos exhibe en su interior una gran colección de estos objetos de decoración, pertenecientes a distintas épocas y estilos. Asimismo, en las vitrinas podrá observar las piezas de tocador. Diríjase a la primera sala y pulse el número 1.

5 **Inventa y escribe un par de líneas sobre otro de los lugares del plano de la página anterior y léelas en clase.**

TOMA LA PALABRA

- **Vas a preparar un recorrido turístico por tu localidad siguiendo estas indicaciones:**
  - Elige los lugares de interés que visitarías.
  - Investiga y prepara un guion con los datos más importantes de cada lugar.
  - Piensa el itinerario que tendrás que seguir para visitar esos lugares y dibújalo en un mapa.
  - Ensaya las explicaciones siguiendo el plano y el guion con los datos de cada lugar.

- **Expón el recorrido turístico que has preparado apoyando tu exposición con fotografías de los lugares que menciones.**

El resto de la clase valorará cómo lo has hecho siguiendo esta tabla:

CONTENIDO		CORRECCIÓN	RITMO
¿El contenido era interesante y ameno?	¿La información era clara y estaba bien organizada?	¿El vocabulario empleado ha sido preciso?	¿El ritmo de la intervención era adecuado?

TAREA 7. Participar en un cuentacuentos

1 **Contestad en grupo y hablad de vuestros recuerdos.**

- ¿Quiénes solían contaros cuentos cuando no sabíais leer?
- ¿Preferíais que lo hiciera alguien en concreto? ¿Por qué?
- ¿Cuándo y dónde solían contaros cuentos?
- ¿De qué cuentos guardáis algún recuerdo especial? ¿Por qué?

2 **¿Cuál de estos libros emplearías para contarle un cuento a un niño o una niña de cinco años? Elige y explica por qué.**

¿Cuál de esas historias crees que podría producirles miedo? ¿Por qué?

3 **Piensa cómo presentarías uno de esos cuentos al empezar a contarlo.**

Es importante que, antes de iniciar la narración, realices una breve presentación e intentes atraer la atención de tu público.

> Niñas y niños.... vais a conocer la historia de un flautista único y sorprendente, que hizo algo asombroso en la tranquila ciudad de Hamelín. ¡Chist...! ¡Atención! Escuchad, escuchad...

Ahora representa ese comienzo en clase.

4 **Recuerda un cuento infantil que te gustara especialmente y nárralo como se lo contarías a una niña o un niño pequeño.**

Ensaya unos minutos para modular la voz e imitar los sonidos, la forma de hablar que tendrían los personajes…

¡Fiuuuu..., fiuuuu...!

¡Buffff...!

¡Ja, ja, ja...!

Pe... Pe... Pero...

5 Contesta a estas preguntas:

- ¿Has estado en alguna sesión de cuentacuentos? ¿Dónde fue?
- ¿En qué consistió la actuación? ¿Qué historia contó?
- ¿Qué edad tenías? ¿Con quiénes estabas?
- ¿Qué fue lo que te resultó más divertido o más emocionante?

6 En grupo, pensad qué podríais hacer en un cuentacuentos para atraer la atención del público.

Yo me pondría un disfraz de...

Pues yo llevaría...

7 Escucha la leyenda y explica qué te ha parecido la lectura que hacen.

8 Por parejas, pensad en algunos recursos que introduciríais para dar mayor vivacidad y emoción al relato anterior.

Podéis fijaros en estos aspectos:

- ¿Qué voz le pondrías tú a cada personaje?
- ¿Qué onomatopeyas usarías, por ejemplo, para los gruñidos del dragón, el galope del caballo…?

TOMA LA PALABRA

Prepárate para hacer de cuentacuentos en clase.

Hazlo así:

- Elige el cuento que vas a contar. Puede ser una historia conocida o alguna que tú te inventes.
- Escribe un guion del cuento y memorízalo.
- Decide cómo te vestirás, si usarás alguna música, si llevarás algún objeto...
- Ensaya hasta que te salga bien.

Realiza la narración de tu cuento procurando captar la atención desde el principio con gestos y movimientos.

Al final, el resto de la clase valorará cómo lo has hecho usando la tabla.

CONTENIDO		ENTONACIÓN	RITMO
¿Ha explicado correctamente la historia del cuento que ha presentado?	¿Ha conseguido captar la atención del público desde el principio?	¿El tono y las voces del narrador y los personajes eran apropiados?	¿Ha usado movimientos y gestos adecuados en su actuación?

TAREA 8. Retransmitir un acto

1 Contestad a las preguntas y hablad en clase.

- ¿En qué medios de comunicación se realizan retransmisiones en directo?
- ¿Qué tipos de actos se suelen retransmitir?
- ¿Cuáles te gustan más a ti?
- ¿Dónde los sueles seguir?

Comenta en clase la última retransmisión que has seguido.

2 Lee e imagina qué acto estará retransmitiendo cada comentarista.

> El atleta, concentrado, observa el listón. Toma impulso e inicia la carrera.

> En estos instantes pasa junto a nosotros la primera carroza. Sobre ella, varios niños y niñas disfrazados de personajes de cuentos.

> La presidenta del jurado abre el sobre. El público en silencio aguarda para conocer el nombre de los ganadores.

3 Observa las imágenes y describe los lugares en que suelen celebrarse actos como esos.

4 Pensad en grupo una escena y representadla ante el resto de la clase.

Un miembro del grupo irá relatando la escena que represente el resto como si lo estuviera contando en un programa de radio. Deberá contar quiénes son los personajes, dónde se encuentran, qué hacen...

5 Escucha y contesta sobre el acto que se retransmite.

- ¿Dónde se retransmite el acto?
- ¿De qué acto se trata?
- ¿Dónde se celebra?
- ¿Quién es Taro?
- ¿Qué hecho inesperado sucede?

¿Qué te gustaría preguntarles a los protagonistas de ese acto?

6 Observa los dibujos y di cuál de ellos podría corresponder al acto de la actividad anterior y por qué.

TOMA LA PALABRA

Vas a preparar la retransmisión radiofónica de los primeros minutos de una prueba deportiva.

Sigue estas indicaciones:

- Piensa en la prueba que vas a retransmitir: un partido de baloncesto, una actuación de gimnasia...
- Imagina algunos momentos de esas pruebas y toma nota de lo que podría suceder.
- Practica unas cuantas veces y graba tu retransmisión.

Pon la grabación en clase.

Tus compañeros y compañeras te valorarán usando esta tabla:

CONTENIDO		RITMO	EXPOSICIÓN
¿Se entendía bien lo que sucedía en la prueba?	¿Ha contado los detalles de lo que pasaba?	¿Ha hablado a buen ritmo y sin detenerse?	¿Ha narrado los hechos de manera expresiva?

TAREA 9. Dar un parte meteorológico

1 En grupos, hablad sobre planes divertidos para el fin de semana.

¿Para qué planes os resultará útil conocer las previsiones meteorológicas?

2 ¿En qué medios se suele informar tu familia del tiempo que va a hacer? Comenta cuál es el más frecuente y cuándo consulta esa información.

internet

televisión

radio

3 Escucha el audio con mucha atención, al menos dos veces, y toma notas. Luego contesta a estas preguntas:

- ¿A qué fecha corresponde esa información? ¿Cómo lo has sabido?
- ¿Qué se anuncia, principalmente, en la predicción meteorológica?
- ¿Por qué esas previsiones se consideran una buena noticia?
- ¿Qué riesgos se mencionan en esa predicción?
- ¿En qué mitad del país va a llover más? ¿Y menos?

Comentad vuestras respuestas en clase.

4 Inventa y dibuja símbolos para indicar en un mapa del tiempo...

- cielos nubosos y lluvia
- viento huracanado
- chubascos
- viento débil
- tormentas
- granizo

Por parejas, comparad los dibujos que habéis hecho.

5 Piensa y cuenta cómo es el tiempo un día típico de cada estación.

de verano | de primavera | de otoño | de invierno

6 ¿Por qué creéis que les resultarán útiles las previsiones meteorológicas a las personas que trabajan en agricultura, pesca, ganadería y transportes? Comentadlo en clase.

7 Por parejas, navegad por la página web de la Agencia Estatal de Meteorología (www.aemet.es) y comentad su contenido.

¿Os parece interesante el trabajo de los meteorólogos? ¿Por qué?

TOMA LA PALABRA

- **Por parejas, vais a preparar el parte meteorológico para el fin de semana.**

Hacedlo así:

- Dibujad un mapa de vuestra comunidad para cada día.
- Averiguad el tiempo previsto para esos días e imaginad cómo hará por la mañana, a mediodía...
- Dibujad los símbolos del tiempo en vuestros mapas.

- **Realizad la presentación del parte meteorológico en el aula.**

El resto de la clase valorará vuestras intervenciones.

CONTENIDO		ENTONACIÓN	GESTOS
¿Han dado una información breve y clara?	¿Han utilizado un vocabulario preciso?	¿El tono y el volumen eran los adecuados?	¿Han señalado bien en el mapa las distintas zonas?

TAREA 10. Pronunciar un discurso de agradecimiento

1 Imagina que estas personas están dando las gracias. Piensa por qué será y qué estarán diciendo.

2 Contad en clase situaciones reales que hayáis presenciado o hayáis visto por televisión, en las que alguien haya pronunciado unas palabras de agradecimiento.

3 Escucha el audio y contesta.

- ¿Qué premio recibe la deportista? ¿Qué deporte practica?
- ¿A quién le agradece el premio que le han concedido?
- ¿A qué otras personas les dirige también palabras de agradecimiento?
- ¿Qué recomendación hace a los niños y niñas presentes?
- ¿Con qué palabras finaliza la joven su discurso?

4 Volved a escuchar el audio con atención. Luego, por parejas, comentad lo que más os ha gustado de ese discurso.

Puede ser algo que os haya resultado gracioso, simpático, tierno…

5 Imaginad que podéis hacer una breve entrevista a la karateca anterior después de recoger el premio y de haber pronunciado su discurso.

En parejas, preparad algunas preguntas sobre el premio, sobre el contenido de su discurso… Luego, dramatizad la escena en clase.

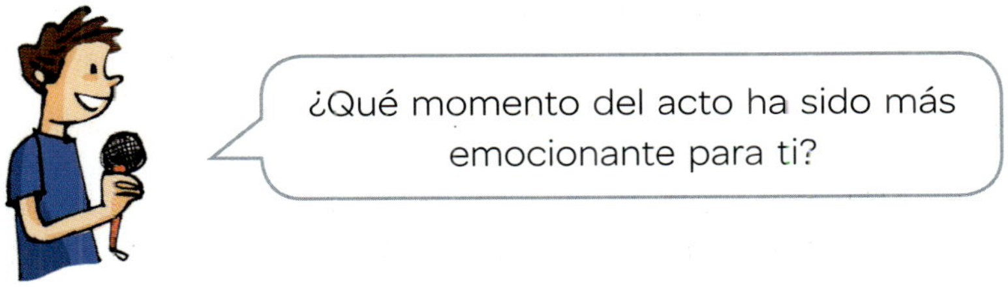

6 ¿Te parece correcto dar las gracias cuando sucede algo importante? ¿Por qué?

7 **Piensa y toma nota de situaciones en las que, por alguna razón, tuvieses que pronunciar un discurso de agradecimiento.**

Tu colegio recibe el premio Iniciativa Verde por vuestro huerto ecológico.

Tu grupo de teatro del colegio es el elegido para actuar en el teatro municipal.

En tu colegio te nombran mejor periodista del periódico escolar.

Ahora hablad de todas vuestras ideas en clase.

8 **Contesta a las siguientes preguntas:**

- ¿Te parece difícil pronunciar un discurso?
- ¿Cómo crees que te sentirías al hacerlo?
- ¿Qué crees que te costaría más?
- ¿Qué te resultaría más fácil?

9 **En pequeños grupos, probad a hablar sobre un tema del que sepáis bastante, durante un minuto, cronometrando el tiempo. Comentad después si se os ha hecho muy largo.**

TOMA LA PALABRA

- **Imagina que has recibido un premio y vas a pronunciar un discurso de agradecimiento.**

Sigue estas indicaciones:

- Imagina el motivo de tu premio.
- Anota quién te ha concedido el premio y quién crees que te ha ayudado a conseguirlo.
- Piensa a qué otras personas quieres darles las gracias.
- Toma nota de lo que le vas a decir a cada una.
- Ensaya tu discurso adaptando el contenido al tiempo de tu intervención.

- **Pronuncia tu discurso.**

Después, pide a tus compañeros y compañeras que valoren tu intervención con esta tabla:

CONTENIDO		EXPOSICIÓN	ENTONACIÓN
¿Las ideas eran claras y estaban bien expresadas?	¿Ha mostrado sus sentimientos con sinceridad?	¿Ha hablado con la velocidad y el volumen adecuados?	¿La entonación era expresiva, cercana y cálida?

TAREA 11. Hablar sobre una profesión

1 **Escucha la información sobre un antiguo oficio y contesta.**

- ¿De qué oficio se habla?
- ¿Qué hacían los pastores trashumantes?
- ¿Qué inconvenientes tenía el oficio?
- ¿Cuáles eran los aspectos positivos?

Explica por qué crees que el oficio de pastor está desapareciendo.

2 **Elige un tema y cuenta la información que se da en el audio.**

El pastor Abundio	La fiesta de la trashumancia
Explica lo que sabes de él y lo que dice sobre el oficio de pastor.	Explica qué es esa fiesta y qué pretende resaltar.

3 **Salid a la pizarra y completad un listado amplio de profesiones.**

Pensad en trabajos de distintos tipos.

manuales

intelectuales

artísticos

Explicad en qué consiste cada profesión.

Si no sabéis explicarlo bien, podéis buscar el nombre de esa profesión en el diccionario y leer la definición.

4 **Elige una profesión que te guste especialmente y contesta sobre ella.**

- ¿Qué te gusta de esa profesión? ¿Qué admiras en quienes la ejercen?
- ¿Qué cualidades crees que debe tener una persona para poder desempeñar esa profesión?
- ¿Qué crees que tendrías que hacer tú para poder tener esa profesión en el futuro?

5 Dramatizad por parejas una entrevista a una persona que desempeñe la profesión que has elegido.

Tú serás la persona entrevistada y responderás a todas las preguntas que te hagan sobre esa profesión.

> ¿Qué es lo mejor y lo peor de tu trabajo?

> ¿Cómo es el lugar donde trabajas?

6 Imagina un día cualquiera de una persona que tiene esa profesión y cuenta con detalle todo lo que haría.

7 Hablad en clase sobre profesiones que hace años no podían ser desempeñadas por mujeres y ahora sí.

TOMA LA PALABRA

- **Vas a preparar una presentación de la profesión que te gustaría tener a ti cuando seas mayor siguiendo estas indicaciones:**
  - Prepara un guion de lo que vas a contar. Anota de qué profesión vas a hablar, por qué te gusta, en qué consiste, cómo vas a conseguir ejercer esa profesión...
  - Decide si vas a llevar a tu presentación imágenes, revistas, herramientas... relacionadas con la profesión.
  - Ensaya la presentación que vas a realizar.

- **Realiza la presentación en clase siguiendo el guion y valora tu intervención empleando esta tabla:**

CONTENIDO		VOCABULARIO	GESTOS
¿Has explicado con claridad la información?	¿Has dado las razones de por qué te gusta?	¿Has usado un vocabulario correcto?	¿Has apoyado tu exposición con gestos?

TAREA 12. Hacer reclamaciones

1 **Escucha con atención la reclamación y contesta a las preguntas:**

- ¿Cuál es el motivo de reclamación que tiene la señora que habla?
- ¿A qué tiene derecho una persona si su tren llega con retraso?
- ¿Cómo puede solicitarlo?
- ¿Qué forma de reclamación elige finalmente la viajera?
- ¿Qué documentación necesita aportar?

Comentad en clase...

- Si la reclamación se ha expresado con claridad.
- Si os ha parecido razonable realizar una reclamación por ese hecho.
- Si la atención ha sido correcta.

2 **Lee y contesta sobre las situaciones que se describen.**

La máquina se ha tragado la moneda y no ha salido el vaso.

La máquina no ha devuelto el cambio.

La máquina ha devuelto el dinero después de sacar el zumo.

- ¿En cuáles de esas situaciones haríais una reclamación?
- ¿Qué podríais hacer en la otra situación?

Comentad en clase alguna situación parecida a las anteriores que hayáis vivido.

- ¿Qué sucedió? ¿Qué hicisteis?
- ¿Se solucionó el problema que teníais? ¿Cómo se solucionó?

3 **Por parejas, leed estas reclamaciones con la entonación adecuada e indicad cuáles os parece que tienen un tono brusco o poco amable y qué cambiaríais.**

¡Hola! Quiero hacer una reclamación. ¡Y no tengo mucho tiempo!

Buenos días, señor. Desearía hacer una reclamación por un problema con uno de sus productos.

¡Muy buenas! Por favor, necesito que alguien atienda mi queja sobre uno de sus productos.

Esto no funciona. ¡Y quiero que me solucionen el problema ya!

4 **Piensa y anota razones por las que podrían hacer una reclamación estas personas:**

Comentad en la clase todas las razones que habéis propuesto.

5 **¿Qué debes hacer a la hora de reclamar verbalmente? Lee detenidamente y elige todo lo que te parezca adecuado.**

- Explicar con claridad y precisión el problema.
- Hablar a gritos y atropelladamente.
- Realizar la queja con buenas formas.
- Indicar lo que esperas conseguir.
- Hablar con calma y claridad.
- Escuchar a quien te está atendiendo.

TOMA LA PALABRA

- **Elige uno de estos motivos y prepara con un compañero o compañera una reclamación telefónica.**

No apareces en la lista del campamento al que te inscribiste.

Has dejado de recibir la revista a la que te suscribiste.

Tened en cuenta estas indicaciones:

- Explicad con detalle el motivo de la reclamación.
- Anotad todos los datos necesarios para reclamar.
- Pensad lo que dirá quien hace la reclamación y quien la recibe.

- **Representad la reclamación ante la clase y pedid que valoren vuestra actuación con la siguiente tabla:**

CONTENIDO		CORRECCIÓN	ENTONACIÓN
¿Ha explicado correctamente los hechos quien reclamaba?	¿Ha realizado con claridad la petición de lo que desea recibir?	¿Se han expresado con cortesía y con un lenguaje correcto?	¿Han empleado un tono de voz tranquilo y adecuado?

COMPETENCIA LECTORA

TAREA 1

PRESENTACIÓN

Algunos relatos cuentan hechos que ocurrieron en el pasado. Son los **relatos históricos**. Esos textos mencionan nombres, fechas y otros datos reales. Pero, además, incluyen detalles inventados, como pensamientos o palabras de sus protagonistas, diálogos... Esos detalles hacen más cercano y ameno el relato.

Vas a leer un relato que hace referencia a uno de los episodios más tristes de la historia del siglo XX: la persecución contra la población judía que llevó a cabo el régimen dictatorial de la Alemania nazi durante la II Guerra Mundial. Gran parte de la población judía fue recluida entonces en campos de concentración para exterminarla. Millones de personas murieron en esos lugares.

Irena Sendler

A pocos kilómetros de Varsovia, la capital de Polonia, en el pueblecito de Otwock, nació Irena Sendler en el año 1910.

En 1939 Alemania invade Polonia y comienza la II Guerra Mundial. Por entonces, Irena, convertida ya en una joven enfermera, trabajaba atendiendo a las personas más necesitadas. Poco después, los alemanes deciden crear en Varsovia un área cerrada en la que recluir a la población judía de la ciudad. Era un lugar siniestro, conocido como gueto de Varsovia, en donde nadie podía entrar sin permiso y, por supuesto, de donde también estaba prohibido salir sin la debida autorización. En el gueto morían a diario hombres, mujeres, niñas y niños a causa del hambre y de las enfermedades. Y era muy frecuente que los soldados nazis trasladaran a las personas allí recluidas a campos de concentración.

Irena consiguió un pase legal para entrar en el gueto y prestar ayuda humanitaria. ¡Se le partía el corazón al ver las duras condiciones en las que se condenaba a vivir a aquellas pobres gentes! Además, enseguida se dio cuenta del gran riesgo que corrían todos e ideó un plan para intentar salvar, al menos, a los más pequeños. El proyecto era peligrosísimo porque se trataba de sacarlos del gueto, cambiarles el nombre y buscarles cobijo en familias o en conventos y orfanatos. Pero estaba prohibido salir del pavoroso gueto...

Irena Sendler se las ingenió durante meses para llevar a muchos de aquellos inocentes al otro lado de la terrible barrera. A algunos los trasladó en ambulancia fingiendo que habían contraído una enfermedad contagiosa y a otros los sacó escondidos en sacos de patatas, en cajones de herramientas, en contenedores de basura... ¡Cualquier medio servía para intentar librar de la muerte a aquellas criaturas!

Con la idea de que algún día los pequeños pudiesen volver con sus familias, la joven polaca fue anotando el verdadero nombre de cada uno, junto al nombre falso y el lugar en el que conseguía acomodarlo. Era una información muy comprometida, no solo para ella misma, sino también para los propios niños y niñas judíos, que serían severamente castigados por los nazis en el caso de que se descubriera su verdadera identidad. Por eso Irena se aseguró de que aquellos valiosos datos estuviesen a buen recaudo: introdujo los papeles en botes de cristal y los enterró bajo el manzano de un huerto que estaba próximo a su casa.

Finalmente, la Gestapo, el temible cuerpo de policía nazi, descubrió las actividades de la audaz Irena. La joven fue detenida y encarcelada. En prisión, la torturaron para que confesase. Pese a todo, los despiadados agentes no consiguieron que revelase el paradero de los menores ni que delatase a las personas que habían colaborado con ella. Irena Sendler fue condenada a muerte, pero, justo antes de su ejecución, un soldado la dejó escapar. El nombre de la joven apareció en la lista de los ajusticiados ese día y ella aprovechó ese hecho para seguir trabajando con una identidad falsa.

Cuando terminó la guerra, Irena desenterró los tarros escondidos bajo el manzano. ¡Había 2.500 nombres! Los 2.500 niños y niñas a los que ella había salvado. Era el momento de encontrarlos e intentar reunirlos con los suyos. Sin embargo, la mayoría había perdido a sus padres y se quedó a vivir con sus familias de adopción.

Irena Sendler nunca le dio importancia a la increíble labor que había realizado a lo largo de esos trágicos años.

–Sinceramente –afirmaba con modestia–, yo creo que no hice nada especial. Solo hice lo que debía, nada más.

Pero muchos años después de aquellos hechos, cuando su fotografía salió en los periódicos tras ser premiada por sus acciones humanitarias, recibió una llamada de teléfono.

–Recuerdo su rostro –le dijo la voz de un hombre–. Fue usted quien me sacó del gueto cuando yo era un niño.

A partir de ese día recibió muchas llamadas parecidas. Eran de hombres y mujeres a los que ella había salvado.

En el año 2007, Irena Sendler fue presentada como candidata al Premio Nobel de la Paz. Aunque al final no lo consiguió, su candidatura supuso el reconocimiento internacional a su labor.

Irena Sendler murió el 12 de mayo de 2008. El ángel del gueto de Varsovia llevaba años recibiendo ramos de flores y cartas de agradecimiento desde todos los rincones del mundo.

TU APORTACIÓN

- ¿Cómo habrías presentado tú a Irena Sendler para la candidatura al Premio Nobel de la Paz? Escribe un texto en el que argumentes por qué crees que merece ese premio.

1 Explica qué significa la expresión destacada de esta oración extraída del texto:

> Irena se aseguró de que aquellos valiosos datos estuviesen **a buen recaudo**.

2 Contesta.

- ¿En qué país se desarrollaron los hechos que se cuentan en el texto?
- ¿Qué guerra se estaba librando en esos momentos?

3 ¿Qué hacía Irena Sendler cuando trabajaba en el gueto? ¿Por qué lo hacía?

4 Contesta sobre los tarros de la historia.

- ¿Dónde los escondió Irena?
- ¿De quiénes eran los datos que Irena guardaba allí?
- ¿Cuándo desenterró los tarros?

5 ¿Qué información apuntaba Irena Sendler de los niños y niñas para guardarla en los tarros? Copia lo correcto.

El nombre verdadero de cada uno y el de la ciudad donde lo había llevado.	El nombre verdadero de cada uno, el falso y el lugar donde estaba.	El nombre de cada uno y la fecha en la que lo había sacado del gueto.

6 ¿Cuál de estos métodos crees que sería más seguro para sacar del gueto a los niños y niñas? Explícalo.

Añade otros métodos que empleaba Irena para conseguir ese fin.

7 ¿Qué introducirías en el texto para darle más carácter biográfico?

- Fechas y hechos de otros momentos relevantes de la vida de la protagonista.
- Opiniones de la gente que la conoció.
- Datos de la historia de Varsovia.

8 Lee y redacta un breve texto contando la vida de Irena después de terminar su labor.

La obra que revivió la figura de Irena Sendler

En 1999, cuatro chicas de entre 14 y 16 años de un instituto de Kansas, Estados Unidos, prepararon la obra de teatro *Life in a jar*. Aquella fue su respuesta a la propuesta de su profesor de Historia para redescubrir la figura de Irena Sendler, una mujer polaca, protagonista de una labor heroica en el gueto de Varsovia y cuyo recuerdo había caído en el olvido. El título de la obra, traducido al español como *La vida en un tarro*, alude a los botes de cristal en los que Irena enterró los datos de los niños y niñas que rescataba.

La obra, en la que se exaltaba la figura de aquella mujer, ganó la competición académica a la que se presentó. A partir de entonces, los premios, las apariciones en televisión y en la prensa de aquellas jóvenes estadounidenses hicieron que la opinión pública volviera a interesarse por la figura de Irena Sendler, ya convertida en una mujer anciana de 89 años.

En una entrevista que ella misma concedió, Irena dejó constancia de su empeño: «Podría haber hecho más, este lamento me seguirá hasta el día que muera». Y, preguntada por la vida tranquila y anónima que llevaba en Varsovia, explicó con humildad: «Yo no hice nada especial, solo lo que debía, nada más. Cada niño que salvé es la justificación de mi existencia en la Tierra y no un título de gloria».

9 ¿Qué información da el texto anterior que no aparece en el relato histórico con el que empieza esta tarea? Explica.

10 En grupos de cinco, imaginad y preparad una entrevista a las jóvenes que idearon la obra de teatro para recuperar la memoria de Irena Sendler.

Pensad preguntas sobre la figura de la protagonista, sobre la preparación de la obra, las dificultades para la representación, la finalidad que tenían…

Representad la entrevista ante el resto de la clase.

11 Inventa y escribe un mensaje de Irena Sendler para las jóvenes que recuperaron su memoria con la obra de teatro.

12 ¿Estás de acuerdo con estas afirmaciones? Explica por qué.

Puppy

A las puertas del Museo Guggenheim de Bilbao, se encuentra *Puppy*, una escultura monumental creada en 1992 por el artista estadounidense Jeff Koons.

Puppy representa la figura de un perro, de tamaño gigante, completamente cubierto de plantas en flor. Mide más de 12 metros de altura y pesa 15 toneladas.

Bajo el manto de flores, se oculta una resistente estructura de acero que contiene y sujeta con firmeza la tierra donde crecen las plantas. Su interior cuenta también con un avanzado sistema de riego automático que les proporciona el agua necesaria.

El colosal *Puppy* presenta un aspecto muy colorido, por el verde de la hiedra y de las hojas y tallos de los miles de plantas que envuelven la totalidad de su cuerpo, a lo que se suma la variedad de colores que aportan sus innumerables flores.

Su apariencia varía según las especies florales que se plantan dos veces al año. Así, en una época, está íntegramente cubierto de pensamientos de diferentes colores y tonalidades, mientras que en otra lo está de begonias, petunias, clavellinas...

Es esta tupida capa vegetal la que forma el pelo de *Puppy*, que aparece salpicado de manchas variopintas, como es frecuente en muchas razas caninas.

Cualquiera que se aproxima al Guggenheim se ve sorprendido por la presencia del impresionante y robusto *Puppy*. Aunque su figura carece de todo rasgo de fiereza, impone mucho, como si de un verdadero perro guardián se tratara y el gran museo, situado al fondo, fuese simplemente su caseta.

Tras ese primer impacto, nadie puede dejar de sentir admiración por la magnífica obra artística que tiene ante sus ojos y es más que probable que también se dibuje una gran sonrisa en su rostro, signo inequívoco de la alegría que esta visión le produce. Seguro que las flores tienen mucho que ver con ello.

1 Lee y explica por qué *Puppy* es un texto descriptivo.

En un texto descriptivo se explica cómo es una persona, un objeto, un lugar... Las descripciones pueden ser objetivas o subjetivas.

En una **descripción objetiva** se destacan las características más importantes de aquello que se describe, aportando datos y detalles concretos.

Con frecuencia, junto a la descripción objetiva suele aparecer también la visión particular de quien realiza la descripción. Es esa una **descripción subjetiva**, que incluye las sensaciones, las impresiones, las opiniones... de la persona que escribe el texto.

Los textos descriptivos se caracterizan por la abundancia de adjetivos, que sirven tanto para expresar con exactitud cómo es lo que se describe como para mostrar las emociones que produce en quien lo observa.

2 Elabora una ficha sobre la obra artística de la que trata el texto en la que incluyas los siguientes datos:

- Nombre de la obra.
- Autor.
- Tipo de obra.
- Año de creación.

3 Copia los detalles precisos que se ofrecen en el texto sobre las siguientes características de la escultura:

- el tamaño y el peso
- los elementos de su interior

¿Crees que esa información es propia de una descripción objetiva o de una descripción subjetiva? Explica por qué.

4 En el texto aparecen algunos grupos nominales que hacen referencia a las grandes dimensiones de esta obra. Localiza y copia esos grupos nominales.

Identifica y subraya los adjetivos que aparecen en esos grupos nominales.

5 Lee la siguiente definición y contesta.

coloso *s. m.* Estatua de proporciones gigantescas.

- ¿Qué adjetivo del texto deriva de ese sustantivo?
- ¿Qué significado tiene ese adjetivo?
- ¿En qué párrafo del texto aparece?
- ¿A qué sustantivo se aplica?

6 Recuerda la información sobre *Puppy* y redacta con tus palabras un texto sobre las flores que lo cubren.

Debes incluir estos datos:

- Qué tipos de flores se utilizan.
- Cuántas veces al año se cambian.
- Qué efecto produce la capa vegetal que cubre a *Puppy*.

7 Contesta.

- ¿En qué ciudad está la escultura de *Puppy*?
- ¿En qué lugar de esa ciudad está situada?
- ¿Por qué crees que se ha elegido precisamente ese lugar?

8 ¿Qué crees que significa el verbo *imponer* en el texto?

Puedes localizar esa palabra en el penúltimo párrafo del texto.

- Transmitir calma.
- Causar respeto.
- Producir curiosidad.

Ahora, contesta.

- ¿Por qué impone tanto la figura de *Puppy*? Menciona todos los motivos que recuerdes.
- ¿Qué se dice que parece el gran museo que está detrás de él?

9 ¿Qué emociones provoca *Puppy* cuando alguien lo ve por primera vez?

10 ¿Qué significa la palabra *puppy* en inglés?

Si no lo sabes, busca esa palabra en un diccionario.

¿Te parece adecuado ese nombre para esta escultura? Explica por qué.

11 ¿Qué dos párrafos del texto crees que corresponden a una descripción subjetiva? Contesta y justifica tu respuesta.

12 ¿Qué finalidad crees que tiene el texto? Elige la opción que te parezca más acertada y justifícala.

Informarnos con exactitud y precisión de las principales características de esta escultura.	Detallar las características de esta escultura y transmitirnos las emociones del autor.

13 ¿Qué es lo que más te ha llamado la atención de *Puppy*? ¿Qué te gusta más de esa escultura?

14 Lee y contesta.

El terrier westy

El terrier blanco de las tierras altas del oeste de Escocia, al que se conoce cariñosamente como «westy», es un perro fuerte, de pequeño tamaño, patas cortas y cola recta. Su pelo es blanco y brillante. Tiene las orejas tiesas y con forma triangular; sus ojos son de color castaño; su nariz, negra; y su hocico, chato.

El westy suele estar en actitud de alerta, ya que es un perro guardián.

- ¿Cómo crees que es la descripción que se realiza en este texto: objetiva o subjetiva?
- ¿Qué características te permiten decir que es así?

15 ¿De qué aspectos sobre el westy se habla en la descripción anterior?

Ten en cuenta si tienen relación con los siguientes:

- su adiestramiento
- su apariencia
- su comportamiento

16 ¿Qué partes del perro se mencionan en la descripción?

Copia un adjetivo que se aplique a cada una de ellas.

17 Inventa y escribe alguna comparación sugerente inspirándote en la imagen de este perro.

Recuerda que en las comparaciones se utilizan palabras como *parece*, *como*…

18 *Puppy*, el perro que se encuentra en el Museo Guggenheim de Bilbao, es un terrier westy. Compara las dos fotografías y señala rasgos semejantes entre la escultura y los perros de esa raza.

¿Qué rasgo de comportamiento del westy pudo tener en cuenta el artista a la hora de crear su escultura?

19 Escribe una descripción de un perro de una raza que te guste.

Hazlo así:

- Documéntate y escribe una descripción objetiva.
- En parejas, intercambiad vuestros textos y añadid algún comentario subjetivo.
- Leed los textos nuevamente y haceos sugerencias para mejorarlos.
- Revisad la redacción y la ortografía de vuestras propias descripciones.

TAREA 3

PRESENTACIÓN

Cada cultura tiene sus propios cuentos. A veces, el contenido de los cuentos es similar en una y otra cultura, y simplemente son versiones de la misma historia. Pero, a menudo, los cuentos contienen elementos que muestran que pertenecen a otra cultura distinta de la nuestra: el nombre de los personajes, los lugares...

Entre los cuentos de otras culturas difundidos por el mundo existe un grupo numeroso de **cuentos árabes**. Muchos de ellos aparecen recopilados en colecciones, algunas tan famosas como *Las mil y una noches*.

A continuación vas a leer un cuento árabe. Fíjate y encontrarás numerosos detalles relacionados con esa cultura.

Una respuesta ingeniosa

Hace mucho tiempo, un poderoso sultán salió a dar un paseo por el campo. Era por la mañana muy temprano. El soberano, a lomos de un hermoso corcel, iba acompañado de su numerosa corte, que lo seguía a caballo por los senderos que tomaba caprichosamente.

Avanzando al trote y sin rumbo fijo, la nutrida comitiva pasó junto a un terreno donde un hombre y una mujer, bien entrados en años, cavaban un hoyo para plantar una pequeña palmera que se hallaba a su lado, en el suelo.

Al escuchar los cascos de los caballos, el anciano levantó la cabeza, se secó el sudor de la frente con un pañuelo y, apoyado sobre el mango de la azada, saludó ceremoniosamente a los recién llegados.

–Buenos días –dijo el sultán con una amable sonrisa.

–Alabado sea Alá, señor –contestó el campesino–, que ha guiado sus pasos hasta aquí para que unas personas tan humildes como nosotros, ya al final de nuestros días, tengamos la oportunidad de conocerlo.

–Sin duda, así ha sido, amigo. Pero quiero que sepáis que también es muy placentero para mí este momento. No siempre tengo la posibilidad de charlar amistosamente con la gente humilde.

–Agradecemos de todo corazón, señor, sus amables y sentidas palabras –dijo la mujer.

–No me deis las gracias por eso. Por cierto... Antes tu marido ha hecho alusión a los años que lleváis vividos y quería haceros una pregunta que me surgió nada más veros. ¿Por qué vais a plantar una palmera? Sabéis de sobra que es una planta que tarda años en crecer. Y..., dada vuestra avanzada edad, no sabéis para quiénes serán sus deliciosos frutos ni quién va a beneficiarse de vuestro esfuerzo.

COMPETENCIA LECTORA • CUENTO

Antes de responder, los dos se miraron y bajaron la vista un instante para observar sus remendadas túnicas y su calzado polvoriento. Luego, la mujer dijo en tono respetuoso:

–¡Oh, ilustre sultán! Nunca hemos olvidado las sabias enseñanzas de nuestros mayores, que solían decir: «Plantaron y comimos. Plantemos para que coman».

–Sin duda, es una gran lección. Lo que se plante hoy será provechoso para las generaciones que vengan detrás... –reflexionó en voz alta el sultán.

Después, gratamente sorprendido por la inteligente respuesta, le dijo a uno de los miembros de su séquito:

–Entrégales una bolsa de cien dinares a estas buenas personas.

El anciano recibió el regalo con una enorme sonrisa y replicó hábilmente:

–¿Ve, señor, qué rápido ha dado frutos la palmera?

El soberano se echó a reír con ganas al escuchar la ocurrente respuesta del humilde campesino y ordenó de nuevo al mismo sirviente:

–Dale otra bolsa de monedas. Se lo merece.

Asombrados de su suerte, los campesinos le dedicaron una reverencia a su generoso benefactor. La mujer, entonces, añadió:

–Señor, acaba de ocurrir algo extraordinario que no debería pasarle inadvertido. Como bien sabe, las palmeras dan su fruto solo una vez al año. En cambio, la nuestra ya nos lo ha dado dos veces en este breve espacio de tiempo.

Inmediatamente el sultán estalló en sonoras carcajadas y le llevó un tiempo controlar su risa. Cuando, por fin, pudo hablar otra vez, se dirigió a su comitiva y dijo:

–¡Vámonos de aquí ahora mismo! De lo contrario, el ingenio de esta gente me hará perder toda mi fortuna.

Mientras el numeroso cortejo se ponía en marcha, el anciano se llevó la mano derecha hasta el corazón. Después, tocó con ella sus labios y su frente y, por último, la dirigió hacia el cielo para despedirse del magnánimo sultán.

El sultán le correspondió con el mismo gesto y una gran sonrisa. ¡Aquellas humildes personas le habían dado varias lecciones!

Cuento popular árabe

TU APORTACIÓN

Identifica seis palabras relacionadas con la cultura árabe.

Si tienes dudas, consulta el diccionario.

- iglesia
- mezquita
- catedral
- fez
- kimono
- sari
- pagoda
- califa
- chilaba
- babucha
- taichí
- sinagoga
- mantra
- caftán
- lama

1 **Lee el primer párrafo y escribe las palabras que se utilizan para referirse…**

a un tipo de caballo	a los acompañantes de alguien importante

Ahora, resuelve.

- Explica qué tiene de especial un corcel.
- Busca en el texto otras dos palabras con las que se nombra a las personas que acompañaban al sultán.

2 **¿Cuál es la azada? Explica para qué se usa ese instrumento.**

A

B
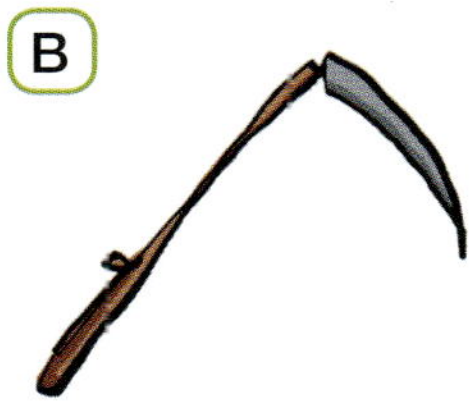
C

D
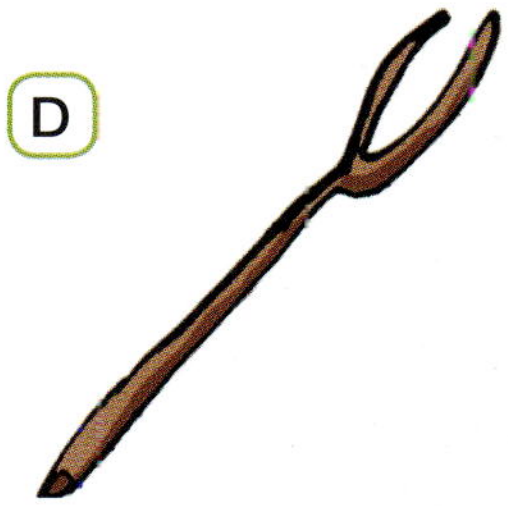

Nombra los demás instrumentos representados en los dibujos.

Si tienes dudas, consulta con tu compañero o compañera.

3 **¿Cuál de estas dos definiciones corresponde a la palabra *sultán*?**

- Príncipe o gobernador.
- Persona de gran carácter o autoridad.

4 **Explica brevemente cómo era el sultán de este cuento.**

Debes tener en cuenta su actitud y buscar adjetivos que describan su carácter. No olvides justificar cada adjetivo que elijas.

5 **Sin volver a leer el cuento, recuerda qué expresión se utiliza en él para indicar que los campesinos eran ancianos.**

Pide la palabra en cuanto lo sepas e intenta decirla antes que los demás. Si transcurrido un minuto nadie se acuerda, podéis buscarla en el texto.

6 **Explica.**

¿Qué hacía el sultán cuando encontró a los ancianos?

¿Qué hacían los ancianos cuando apareció el sultán?

7 Explica sobre la conducta del sultán.

- ¿Por qué le extrañó que los ancianos plantaran una palmera?
- ¿Por qué les dio la primera bolsa de monedas?
- ¿Qué motivó que les diera la segunda bolsa de monedas?
- ¿Por qué quiso marcharse inmediatamente después?

8 Explica el significado de estas palabras de la anciana:

Plantaron y comimos. Plantemos para que coman.

Contesta.

- ¿A quién se refiere la palabra *plantaron*?
  - A los antepasados.
  - A las generaciones venideras.
- ¿A quién se refiere la palabra *coman*?
  - A los antepasados.
  - A las generaciones venideras.

9 Busca hacia el final del texto la palabra *benefactor* y explica por qué el sultán era el benefactor de los ancianos.

10 ¿En qué dos momentos del cuento lo dicen?

Explica a qué frutos se refieren.

11 Escribe a tu manera el comienzo del cuento.

Ten en cuenta lo siguiente:

- Debes dar la información que aparece en los dos primeros párrafos.
- Tienes que incluir algún detalle sobre el paisaje.
- Tu texto debe tener al menos cinco líneas.

12 Comentad en clase.

¿Es importante actuar pensando en las generaciones venideras? ¿Por qué?

Proponed acciones concretas que se puedan realizar en beneficio de esas generaciones. Aquí tenéis algunos ejemplos:

- Repoblar un bosque.
- Desarrollar una vacuna.

TAREA 4

Mensajes publicitarios

A

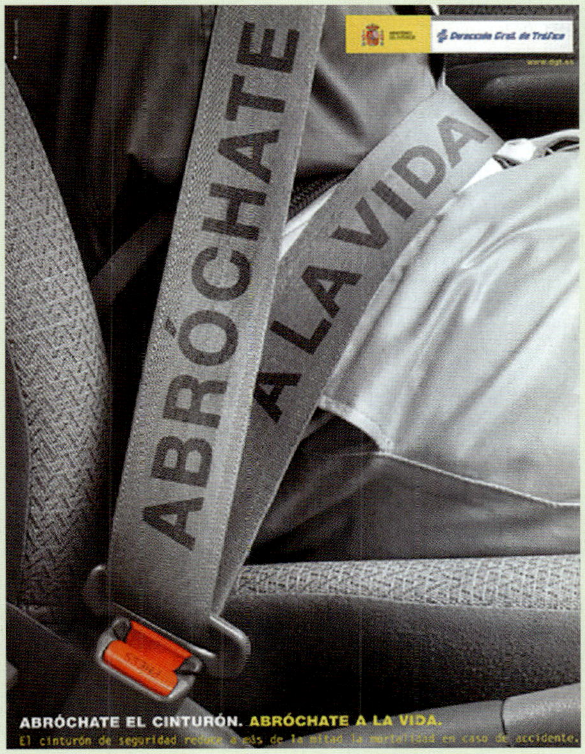

B

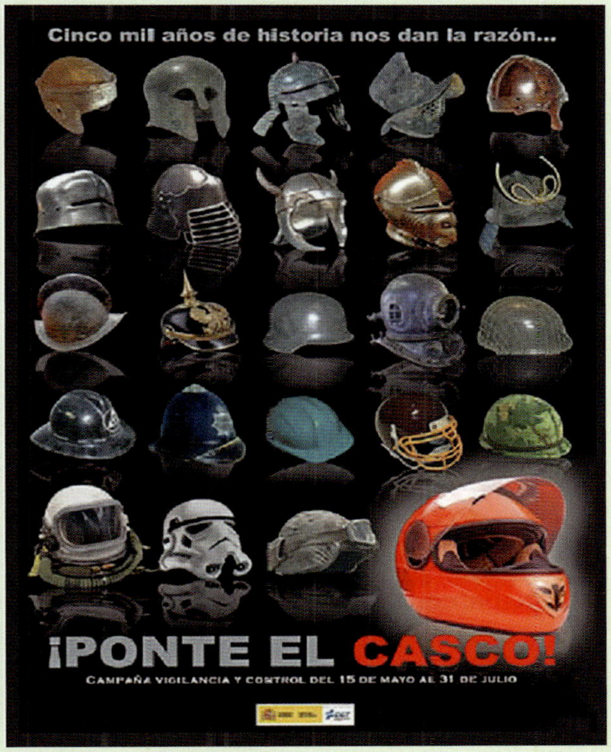

C

1 Lee y explica qué finalidad tienen los anuncios que acabas de ver.

Los **anuncios** son mensajes publicitarios que suelen combinar palabras, imágenes, música..., con el fin de dar a conocer un producto o convencer para actuar de una determinada manera.

Los textos de los anuncios pueden consistir simplemente en un eslogan, que es una expresión breve, original y fácil de recordar, o ser más largos y contener otras informaciones.

2 ¿Qué anuncio te resulta más atractivo a simple vista? ¿Por qué?

3 Describe el primer anuncio y explica qué pretende.

Debes hablar del texto y de la imagen.

4 Observa y contesta sobre el anuncio B.

- ¿Cuántos años llevan utilizándose los cascos?
- ¿Por qué sigue siendo recomendable su uso en la actualidad?
- ¿Qué casco aparece destacado especialmente?
- Según esa información, ¿a quién va dirigido este anuncio?

5 Antiguamente, usaban casco los guerreros y soldados. ¿En qué profesiones actuales es obligatorio el uso del casco? Identifícalas con ayuda de las imágenes del anuncio B.

6 ¿Qué color se ha usado en los anuncios A y B para destacar algún elemento? ¿Con qué se suele asociar ese color?

7 Observa con atención el anuncio C y lee estas informaciones:

El lince es un mamífero que tiene una vista extraordinaria.

El búho es un ave nocturna que puede cazar en la oscuridad.

Ahora explica el contenido del anuncio y lo que se recomienda en él.

8 Observa los anuncios y contesta.

- ¿Qué pretenden los tres anuncios? Elige.
  - Animar a comprar coches.
  - Advertir sobre el estado de los neumáticos.
  - Promover el transporte público.
  - Sensibilizar sobre cuestiones de seguridad vial.
- ¿Qué frase podría resumir el objetivo de cada anuncio?

Di otros temas de seguridad vial sobre los que se podría hacer anuncios.

TAREA 5

PRESENTACIÓN

La persona que cuenta lo que sucede en una historia es el **narrador**. Muchos relatos están narrados por alguien ajeno a la historia. Cuando quien narra los hechos es alguien que no participa en ellos, abundan las formas verbales en tercera persona: *dijo*, *preguntaron*…

A veces, el narrador de una historia es el personaje principal o protagonista. Esto ocurre en las autobiografías o en los libros de memorias. Cuando quien narra los hechos es el protagonista, utiliza formas verbales en primera persona del singular: *pensé*, *fui*…

Un pueblecito aburrido

«Allí abajo está Villa Reseca», pensaba Floro Flores mientras bajaba de la montaña. «Cuando sea mayor, me iré a vivir a una de esas ciudades llenas de gente, donde hay miles de coches, edificios y calles por las que caminan montones de personas elegantes».

En casa, lo habían mandado a recoger huevos gigantes para la cena. La bolsa en la que Floro guardaba los huevos ya tenía cierto peso, por lo que decidió descender al valle. Entonces, notó que se había hecho demasiado tarde para emprender la vuelta. Enseguida se haría de noche y no podía arriesgarse a bajar por una cuesta tan empinada sin ver dónde apoyaba los pies.

Caminó otro poco y, cuando se hizo noche cerrada, se dijo: «Mejor me quedo a dormir por aquí, total…».

Caminó a tientas, buscando en la oscuridad un lugar donde acostarse. Siguió, tropezando con las piedras, hasta que encontró algo que parecía apropiado. No sabía de qué se trataba, pero sí que era mullido como el mejor colchón y que estaba calentito.

«Seguro que alguien olvidó este montón de plumas», pensó. Se acostó y enseguida se quedó dormido.

Al rato, el pajarraco gigante donde Floro dormía se despertó. Agitó sus alas, hizo una carrera para coger impulso y salió volando. Dio varias vueltas de orientación alrededor del pico de una montaña y emprendió el vuelo hacia el este. Con sus potentes alas cruzó el océano y se detuvo en el sur de África, a orillas de un río.

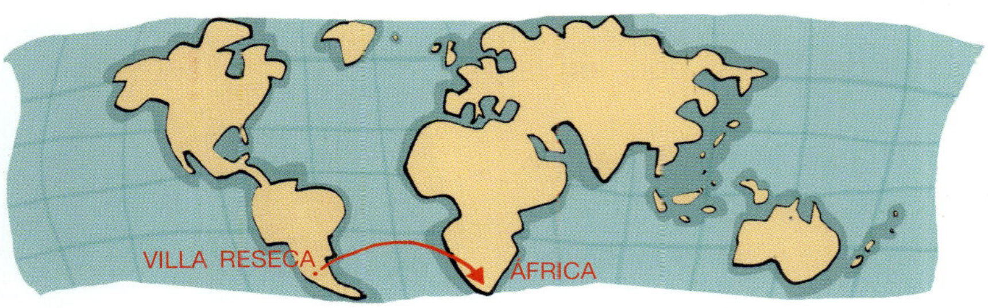

COMPETENCIA LECTORA • CUENTO

Mientras el pájaro bebía agua, una manada de elefantes arrasó el lugar. Como surgidos por arte de magia, los elefantes pasaron por allí haciendo temblar la tierra. El pajarraco quedó maltrecho, pero tuvo que recomponerse rápidamente porque detrás de los elefantes venían los traficantes de marfil con sus temibles rifles.

Cuando vieron al pájaro, los traficantes se olvidaron de los elefantes. Apuntaron sus armas hacia él y descargaron decenas de tiros. El ave salió como pudo de allí, con varios balazos en sus alas. Atravesó luego una zona fría y llegó a París, donde se posó sobre la Torre Eiffel.

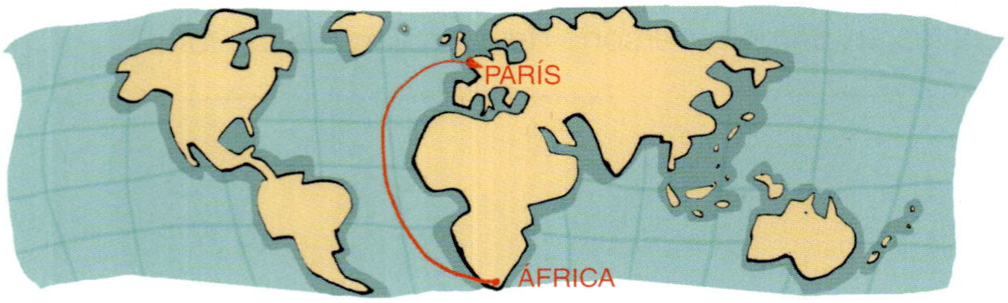

Decenas de turistas japoneses lo fotografiaron y la televisión mostró el momento en que el animal echó a volar. El testimonio de un piloto de helicóptero alarmó a toda Europa: aseguró que encima del pajarraco había una persona dormida o desmayada.

El gobierno francés utilizó radares y patrullas de avionetas y helicópteros para capturarlo, pero todo fue en vano, pues el ave ya estaba a muchísimos kilómetros de allí, donde arreciaba la nieve: el interminable territorio ruso.

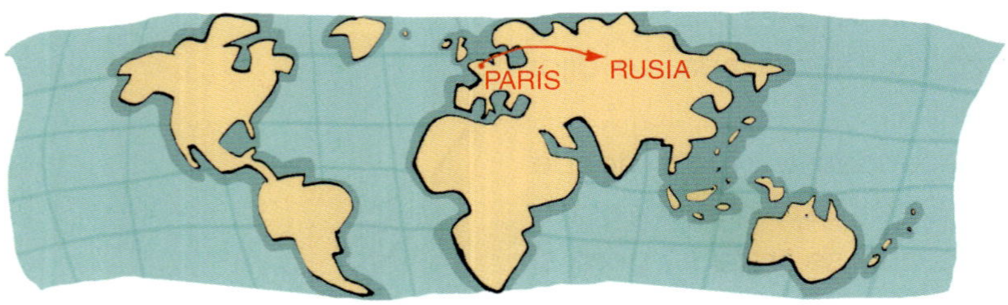

El animal estaba como enloquecido por tantas persecuciones, de manera que no descansó hasta regresar a su refugio en las montañas de Villa Reseca. Había completado una vuelta al mundo.

Ya era de madrugada cuando aterrizó en el mismo sitio de donde había salido la noche anterior.

Poco después, Floro Flores se despertó. Estiró sus brazos, desperezándose, y dijo:

–¡Uf!, Villa Reseca, como siempre. Nunca pasa nada...

Cargó la bolsa con huevos y añadió:

–¿Quién habrá olvidado este montón de plumas aquí, en la montaña? ¡Bah! Yo qué sé...

Allá abajo, Villa Reseca se veía como un pueblecito de juguete. El muchacho comenzó a descender.

RICARDO MARIÑO
Cuentos ridículos, Editorial Loqueleo Argentina (Adaptación)

1 **Contesta sobre los lugares del cuento.**

- ¿Dónde comienza la acción? ¿Dónde termina?
- ¿En qué otros lugares transcurre la acción del cuento?

Luego, consulta un mapa y di algunos países que sobrevolaría el pájaro para completar la vuelta al mundo.

2 **Escribe un breve texto con datos del protagonista del cuento.**

3 **En el cuento aparece otro personaje importante. Explica quién es y contesta.**

- ¿Crees que es un animal real o fantástico? ¿Por qué?
- ¿Cómo te lo imaginas? Descríbelo con detalle.

4 **Observa el dibujo y contesta.**

- ¿Qué hacía Floro en lo alto de la montaña?
- ¿Por qué Floro decidió quedarse a dormir en ese lugar?
- ¿Qué pensó cuando se encontró el montón de plumas?

5 **Escribe un texto de tres párrafos contando las aventuras del pájaro.**

Debes hacerlo dándole al relato toda la emoción que puedas.

en el sur de África	en Francia	en territorio ruso

6 **¿A qué hecho se refiere esta oración del texto? ¿Qué quiere decir? Explica con tus palabras.**

El pajarraco quedó maltrecho, pero tuvo que recomponerse rápidamente.

Decid en cadena situaciones por las que alguien pueda quedar maltrecho.

7 **Sin mirar el texto, di de qué país se dice que allí arreciaba la nieve.**

Elige el verbo que tiene el significado opuesto al de *arreciar*.

- arriar
- despreciar
- amainar
- izar
- arrear

COMPETENCIA LECTORA • CUENTO

8 ¿Por qué Floro prefería vivir en una gran ciudad? Fíjate en el título del cuento y explica.

Di por qué resultan graciosas estas palabras de Floro al final.

Te resultará útil para explicarlo responder a estas preguntas:

- ¿Qué creía Floro que había pasado?
- ¿Qué había pasado en realidad?

9 Inventa otro título para el cuento.

10 ¿Qué es lo que más te gusta de esta historia? Cuéntalo en clase.

11 El nombre de Floro Flores hace alusión al campo, el lugar donde vive. Inventad por parejas otros nombres ingeniosos para diferentes personajes.

un hombre optimista	una chica valiente
una doctora	un famoso abogado

12 Organizad un debate sobre cuál de estos lugares es mejor para vivir:

Hacedlo así:

- Dividid la clase en dos grupos. Cada grupo defenderá un lugar para vivir.
- Entre los miembros de cada grupo preparad previamente los argumentos para defender vuestra postura y elegid a alguien que haga de portavoz.
- Elegid a un miembro del grupo que modere el debate: deberá asignar los turnos de palabra y conducir las intervenciones.

13 Elige un lugar del mundo que te gustaría conocer, busca información sobre ese lugar y exponla en clase.

TAREA 6

PRESENTACIÓN

En muchas historias aparecen **personajes fantásticos** dotados de propiedades mágicas o facultades extraordinarias. Así, en algunos relatos mitológicos y leyendas hay personajes que solo existen en la imaginación, como sirenas, centauros, grifos, cíclopes, unicornios...

Vas a leer un cuento cuyo protagonista es un unicornio. Los unicornios son parecidos a los caballos, pero poseen un cuerno en el centro de la frente. A ese cuerno se le han atribuido toda clase de poderes. Hay quienes dicen que servía para curar las heridas, purificar las aguas, conceder una vida larguísima...

El unicornio

Le estorbaba el cuerno.

En el siglo XXI, ya nadie se creía lo de la magia de aquella varita de marfil que purificaba las aguas y sanaba heridas. La leyenda había mitificado esa protuberancia a la que dotaba de cualidades especiales, pero a él le estorbaba. Contaban que, antaño, los unicornios sabían interpretar los pensamientos y que en su cuerno anidaba el secreto de la eterna juventud. Ahora, todo había cambiado. Él no sabía interpretar la marca del viento sobre el pasto y no podía detener el curso del tiempo.

Nadie sabe lo difícil que puede llegar a ser rascarse la cabeza contra la tierra mojada con eso en la frente. Cuando acometía la tarea de buscar castañas en los árboles y quedaba enredado entre el follaje, vareaba furioso las ramas; cuando cabalgaba entre vahos de niebla y su crin blanca desaparecía en la bruma, el cuerno subía y bajaba como los caballos de un tiovivo.

Así transcurría su vida, entre accesos de furia y el deseo de verse por fin libre del cuerno. Hasta que llegó la carrera.

Carteles por todas partes anunciaban el evento. Habían venido caballos de todo el mundo: árabes de frente recta y cuello de ciervo; purasangres españoles de cabeza gruesa; ingleses, reputados por su rapidez; rusos, vigorosos y sobrios; el salvaje tarpán de los desiertos; y hasta el kiang, señor de las montañas del Tíbet.

Todos se habían dado cita para la mayor carrera de la historia. El recorrido incluía obstáculos que los corredores tendrían que salvar para llegar al final.

El caballo que sorteara todos los escollos y llegara primero a la meta ganaría la prueba. La copa de campeón sería suya, además del respeto y del reconocimiento popular.

El unicornio nunca había participado en la carrera, ¿para qué? Pero esta vez se apuntó a la competición, no tanto con ánimo de ganar cuanto por desfogar su ira.

Llegó el gran día. Los participantes estaban en sus marcas. Y se dio la señal. El caballo árabe salió el primero, seguido del inglés. El ruso y el tarpán ocupaban la tercera y la cuarta posición, respectivamente. El español iba detrás y, por último, el kiang del Tíbet.

El unicornio se había quedado parado en la salida, envuelto en una nube de polvo. El público se burlaba de su cuerno. Rojo de rabia, el unicornio coceó el suelo con sus cascos y partió espoleado por un furor ancestral.

Había que verlo avanzar entre los cedros como un soplo de viento, saltar el pequeño riachuelo volando sobre el agua, evitar las telarañas, que se deshilachaban a su paso.

Pronto pasó al kiang del Tíbet y, poco después, a los demás. Se situó en tercera posición, tras el árabe y el tarpán. Al atravesar el desfiladero que se abre al valle, había conseguido situarse en segunda posición.

Ya se divisaba la meta cuando los dos corceles salieron de la espesura. Galopaban jadeantes arrancando chispas del suelo. Sus cuerpos sudorosos parecían de plata y aun retumbaba el bosque con la música de su carrera.

Faltaban escasos metros para llegar al final.

El unicornio solo veía un delgado cordón rojo que anunciaba la meta y trotaba desbocado. Estaban casi a la par, pero el tarpán le sacaba todavía un palmo.

De pronto, el unicornio bajó la cabeza y rasgó la cinta granate con su cuerno. Aquel vestigio de una luz antigua convirtió al unicornio en campeón de la carrera.

Había ganado por un cuerno.

PALOMA OROZCO AMORÓS
Historias de la otra tierra, Editorial Anaya (Adaptación)

TU APORTACIÓN

¿Cuál de estos textos crees que corresponde a una página del diario del unicornio? Justifica tu elección.

Hoy, por fin, me he reconciliado con él. No volveré a odiarlo. He aprendido a aceptarlo como mi más preciado atributo, el más característico, el que me define y me hace singular.

La humillación de las burlas se ha tornado en orgullo. Todos me han mostrado admiración y respeto. Comienza un nuevo tiempo.

¿Qué pensaban esos creídos? Ya era hora de que alguien les bajara los humos. Tenía ganas de ser el vencedor y darles su merecido. ¡Todavía estoy viendo la cara del tarpán cuando le adelanté en la espesura!

Lo malo es seguir cargando con el palito este en la frente. ¡Resulta ridículo para un campeón como yo!

1 Lee y contesta.

> La leyenda había mitificado esa **protuberancia**, pero a él le estorbaba.

- ¿A qué parte del cuerpo del unicornio se refiere la palabra destacada?
- ¿Qué es una protuberancia?

2 Busca las palabras con las que se expresan estas ideas.

Debes buscarlas al principio, hacia la mitad y al final del texto, respectivamente.

- hace mucho tiempo
- obstáculo
- huella, resto

3 Por parejas, leed el texto y haced una lista de las palabras que os resulten difíciles o inusuales.

Luego, averiguad el significado de cada palabra con ayuda del diccionario.

4 Explica qué clase de animal es el protagonista del cuento y qué tienen de especial estos animales.

Busca las propiedades mágicas que se mencionan en el texto.

Atribuidas al unicornio	Atribuidas al cuerno del unicornio

5 Explica las razones por las que el unicornio estaba harto de su cuerno.

6 Responde a estas preguntas y completa el esquema.

- ¿Qué quería el unicornio al principio del cuento?
- ¿Qué evento tuvo lugar un día?
- ¿Qué le pasó al unicornio allí?

7 Contesta.

- ¿Por qué crees que el unicornio no se había apuntado a ninguna carrera antes de aquella?
- ¿Por qué se apuntó entonces?
- ¿Crees que se arrepintió de haber participado?
- ¿Qué supuso para él la carrera?

8 **Copia alguna frase del texto que indique que la carrera era muy importante.**

Después, escribe un breve texto sobre la carrera en el que incluyas esta información:

- ¿Quiénes participaron? ¿Qué tenían que hacer?
- ¿Cuál era el premio?
- ¿Cómo empezó la carrera para el unicornio y qué ocurrió para que la situación cambiase?

9 **Explica si crees que el unicornio pensaba lo mismo sobre su cuerno al final del cuento que al principio.**

10 **Vuelve a leer la primera oración del cuento y contesta.**

- ¿Es una manera habitual de empezar un cuento? ¿Por qué lo crees?
- ¿En qué se parece esa oración a la oración con la que acaba el cuento?
- ¿Por qué crees que la autora usa dos oraciones cortas tan parecidas? ¿Qué efecto consigue?

11 **¿Qué comparación se hace en el texto en cada caso? Localiza la segunda parte de cada oración.**

- El cuerno subía y bajaba...
- El unicornio avanzaba entre los cedros...

12 **Apoya esta afirmación con ejemplos del texto:**

> En el texto se utiliza un lenguaje elevado.

13 **Escribe una descripción del unicornio.**

Hazlo así:

- Inventa sus rasgos físicos y deduce su carácter a partir del cuento.
- Imita el tono del texto utilizando un lenguaje elevado, comparaciones...

14 **Lee este fragmento del texto y comenta con el resto de la clase. ¿Qué premio crees que fue más importante para el unicornio?**

> La copa de campeón sería suya, además del respeto y del reconocimiento popular.

Ahora, contesta sobre ti. ¿Te parece importante el reconocimiento de los demás? ¿Por qué?

15 **La rabia que sentía el unicornio influyó en su victoria. Comparte en clase situaciones en las que esa emoción resulte negativa o positiva.**

TAREA 7

www.elinformativojoven.com

Buscar

EL INFORMATIVO JOVEN

ÚLTIMAS NOTICIAS - EN TU CIUDAD - EN EL MUNDO - CULTURA - DEPORTES - **OPINIÓN**

CARTAS AL PERIÓDICO

La deportividad, desde el colegio

3/10/2018

Después de leer la entrevista a la deportista Mirta Ibáñez Canal publicada ayer en este diario, quisiera comentar sus ideas sobre la deportividad en el campo de juego y en las gradas. Estoy totalmente de acuerdo con las campañas en favor del juego limpio y con las medidas que se están tomando para erradicar la violencia en los estadios. Sin embargo, me parece que no es suficiente. En mi opinión, es en la escuela donde debemos transmitir los verdaderos valores del deporte. Como profesora, pienso que en los colegios y en las familias tenemos la responsabilidad de fomentar una competitividad sana, libre de peleas. Estos niños y niñas que ahora compiten son los jugadores y espectadores del futuro. Un futuro, esperemos, sin violencia en el deporte.

Beatriz Sánchez Campos
Santa Cruz de Tenerife

Contenedores de reciclaje

3/10/2018

En el barrio donde vivo no hay apenas contenedores de vidrio ni de papel y cartón. Los vecinos y vecinas no tenemos problema para bajar la basura orgánica y los envases, pues hay cubos en todas las calles. Sin embargo, para reciclar el vidrio y el papel debemos andar bastante o bien acercarnos con el coche. Además, después de acumular la basura en casa durante días y llevarla tan lejos, cuando llegamos a los contenedores los encontramos llenos y con bolsas en el suelo porque no caben. Esta basura en plena calle resulta muy desagradable y es un problema, especialmente cuando llueve o hace viento. Pienso que todo se podría solucionar instalando más contenedores para facilitar la tarea de reciclar en el barrio y para animar a separar la basura a quienes todavía no lo hacen.

Pedro Moreno Barahona
Ciudad Real

1 Lee y explica por qué son textos argumentativos las cartas de la página anterior.

En los **textos argumentativos** se defiende una opinión o se expone una idea y se dan razones para justificarlas. Frecuentemente, esos textos pretenden convencer de la opinión o la idea que defienden.

Hay textos argumentativos orales, como los debates. También, hay textos argumentativos escritos, como las cartas que se publican en periódicos y revistas. A través de esas cartas, cualquier persona puede exponer su opinión sobre un tema de actualidad. Normalmente las cartas aparecen en los periódicos sin encabezamiento, pero con la firma de quien escribe, y suelen llevar un titular.

2 Contesta.

- ¿Cuál es el tema de cada una de las cartas?
- ¿En qué tipo de publicación aparecen? ¿En qué sección?
- ¿Qué datos conoces de las personas que han escrito estas cartas?

3 Identifica en las cartas anteriores palabras o expresiones que indican que lo que se dice es una opinión.

4 ¿Qué crees que opinaba la deportista Mirta Ibáñez Canal sobre la violencia en el deporte en la entrevista a la que se alude en el primer texto?

Explica lo que piensa la profesora Beatriz Sánchez Campos sobre ello y cuál es su opinión sobre el tema.

5 Contesta sobre la segunda carta.

- ¿Qué problema piensa el autor que existe en su barrio?
- ¿Cómo justifica esa opinión?
- ¿Qué solución propone?

Inventa y añade otra solución que se te ocurra para ese problema.

6 ¿Qué significa cada uno de estos símbolos que aparecen en el texto?

- Imprimir
- Compartir
- Me gusta
- Escribir un correo

Explica para qué crees que sirven.

7 Inventa otros titulares para las cartas de la página anterior.

8 Escribe una carta a un periódico expresando tu opinión sobre un tema de actualidad.

TAREA 8

Vas a leer la biografía de una mujer célebre en su época. Observa las ilustraciones que acompañan al texto y di por qué crees que fue conocida.

- Porque cantaba ópera muy bien.
- Porque era una experta en la cultura oriental.
- Porque viajó mucho a lugares lejanos.

Una mujer intrépida

Cuando el 24 de octubre de 1868 nació en la ciudad de París Alexandra David-Néel, nadie podía imaginar la apasionante vida que le esperaba a aquella niña.

Alexandra, con apenas cinco años, devoraba novelas de aventuras y tocaba el piano con asombrosa perfección. Pero lo que más destacaba en ella era su carácter indómito y sus ansias de libertad. Así, siendo aún adolescente, viajó sola por Inglaterra e Italia, y llegó incluso a recorrer España en bicicleta. La pasión por viajar y descubrir el mundo latía desde siempre en el corazón de la joven Alexandra.

Por eso, cuando con veintiún años recibió la herencia de su madrina, no lo dudó y gastó todo ese dinero en recorrer durante más de un año un país lejano y exótico que la atraía especialmente: la India, adonde por aquel entonces llegaban muy pocos extranjeros. Y cuando no tuvo más remedio que dar por finalizado su viaje, Alexandra se prometió a sí misma que algún día volvería a aquel lugar único en el mundo.

Desde el momento de su vuelta, Alexandra se dedicó a leer y a estudiar todo lo relacionado con Oriente, cuyas gentes y cultura le intrigaban cada vez más. Su interés por aquel lugar era tal que, según dicen, su padre afirmaba: «Mi hija tiene la piel blanca, pero su alma es amarilla».

Los siguientes años de Alexandra estuvieron dedicados a la música. Como era una buena cantante de ópera, llegó a actuar en Indochina y en algunos lugares del norte de África. Mientras, escribía artículos para revistas y periódicos y pronunciaba conferencias sobre Oriente, su gran pasión.

Tras siete años dedicada a la música, la abandonó para instalarse en Túnez, donde fue contratada para dirigir el casino. Allí conoció a Philippe Néel, el hombre con el que se casó en 1904 y que la apoyó para que cumpliese su sueño de vivir viajando, una forma de vida poco habitual en su época.

En 1911, cuando tenía cuarenta y tres años, Alexandra emprende de nuevo un viaje rumbo a Oriente. «A partir de ahora, la aventura será mi única razón de ser», afirmó Alexandra antes de partir. Y, en efecto, esta increíble mujer vivió innumerables aventuras durante los años siguientes, en los que recorrió la India, el Tíbet, Nepal, Ceilán, Japón, China...

Durante los más de treinta años en los que recorrió Asia, Alexandra pasó hambre y frío, se enfrentó a fieras y a salteadores, sufrió enfermedades y desgracias... pero, como ella misma decía: «Morir por morir, prefiero que sea en cualquier camino de la estepa, con el hermoso cielo sobre mi cabeza y la satisfacción última de, al menos, haber emprendido lo que deseaba».

Esta fascinante mujer se alojó en los palacios más lujosos de Oriente y en las chozas más inmundas. También recorrió lugares prohibidos para los occidentales disfrazada de peregrina tibetana; para ello, tiznaba su piel con hollín y se teñía el pelo con tinta china.

Durante sus viajes fue recibida por los hombres más poderosos y por los más humildes. Su sabiduría y su perseverancia consiguieron que fuera la primera mujer occidental recibida por el dalái lama, el papa de los tibetanos.

Cuando en 1945 Alexandra por fin regresó a Francia, se había convertido ya en un personaje célebre que atraía las miradas de los curiosos. Cansada de la notoriedad, se retiró a una casa de campo en la que permaneció el resto de su vida. Una prueba de su carácter la dio cuando estaba a punto de cumplir cien años:

–Renuévame el pasaporte, por si acaso... –cuentan que le dijo a su secretaria.

Un año después, en 1969, falleció Alexandra David-Néel, una mujer culta, valiente y decidida que se enfrentó a las costumbres de su tiempo y vivió como realmente quiso.

Basado en CRISTINA MORATÓ
Viajeras intrépidas y aventureras, Editorial Plaza & Janés

TU APORTACIÓN

Imagina e inventa qué diría Alexandra David-Néel.

Para presentarse ante el dalái lama

En una conferencia sobre la India

1 Elige el significado que corresponde a cada palabra destacada.

Lo que más destacaba de ella era su carácter **indómito**.

- repulsivo
- rebelde
- insoportable
- tranquilo
- tímido

Tiznaba su piel con hollín y se teñía el pelo con tinta china.

- alisaba
- envejecía
- oscurecía
- aclaraba
- limpiaba

Cansada de la **notoriedad**, se retiró a una casa de campo.

- crítica
- alabanza
- tranquilidad
- exigencia
- fama

2 Inventa otro título para el texto.

3 ¿Qué escena de la vida de Alexandra David-Néel elegirías tú para ilustrar el texto?

Describe esa escena y explica por qué la has elegido.

4 Lee el comienzo del texto y explica cómo crees que era la vida en la época en que nació Alexandra.

Cuando el 24 de octubre de 1868 nació en la ciudad de París Alexandra David-Néel, nadie podía imaginar la apasionante vida que le esperaba a aquella niña.

Imaginad y comentad en clase. ¿Cómo habría sido la vida de Alexandra si hubiera nacido en la época actual?

5 Contesta sin volver a leer el texto.

- ¿En qué países estuvo Alexandra David-Néel?
- ¿Qué le permitió viajar a la India por primera vez?
- ¿Cuántos años se dedicó profesionalmente a la música?
- ¿Qué trabajo realizó durante su estancia en Túnez?
- ¿Qué hizo para entrar en los lugares prohibidos a los occidentales?

Comprueba tus respuestas buscando esa información en el texto.

6 Elabora una ficha con los siguientes datos de la protagonista de la biografía.

Incluye también alguna ilustración.

Fecha de nacimiento	País de origen
Ocupaciones	Hazañas

7 Explica cómo era el carácter de Alexandra.

Apoya tu explicación con datos tomados del texto de la biografía.

8 Ordena las siguientes afirmaciones según sucedió en la historia:

A Alexandra se convierte en cantante de ópera y vive de la música.

B La joven Alexandra recibe una herencia y viaja por primera vez a la India.

C En 1911 viaja de nuevo a Oriente, y durante más de treinta años recorre Asia.

D Regresa a Francia, convertida en una mujer famosa, y se retira a vivir en el campo.

E Se traslada a Túnez y allí conoce a su futuro marido.

F Siendo adolescente, viaja sola por Italia y recorre España en bicicleta.

Copia la serie que has ordenado y complétala incluyendo un dato al comienzo y otro al final.

9 Contesta sobre la estructura del texto.

- ¿Con qué dato cronológico comienza?
- ¿Cuál es el último hecho que se narra?

Copia algunas expresiones del texto que marcan el transcurso del tiempo.

10 Escribe algún dato de cada una de estas etapas de la vida de la protagonista:

Infancia → Juventud → Madurez → Vejez

11 Comentad en clase.

- ¿Qué os ha llamado más la atención de la biografía de Alexandra David-Néel?
- ¿Os parece importante que una persona haga en la vida lo que quiere? ¿Por qué?

12 Elige uno de los países a los que viajó la protagonista, busca información sobre él y escribe un breve texto.

TAREA 9

Construyen su casa

Si tuviéramos que construir una casa, sin duda necesitaríamos la ayuda de un arquitecto o de una arquitecta. Los arquitectos saben cómo aprovechar mejor el terreno, la luz, qué materiales son los más adecuados y qué hacer para que nuestra casa sea bonita y agradable. En la naturaleza hay también animales que merecerían ser considerados verdaderos arquitectos. Sus ingeniosos nidos y madrigueras parecen obras de artistas.

El pájaro tejedor africano

Con el pico y las patas, esta ave de vistoso plumaje amarillo es capaz de hacer distintos tipos de nudos y entretejer briznas de hierba, hojas y pequeñas ramitas. Realiza más de 300 viajes de ida y vuelta para buscar esos materiales, con los que construye unos espectaculares nidos. La entrada siempre está en la parte inferior, para protegerse de los posibles depredadores. ¡Parecen madejas de lana verde colgadas de los árboles!

El castor

Este roedor cuenta con unos incisivos enormes con los que es capaz de talar árboles y conseguir gran cantidad de madera. La necesita para sus madrigueras, también llamadas cabañas. Los castores las construyen en ríos o lagos. Son como islas de madera, a las que acceden por debajo del agua. Para que esto sea posible, los castores colocan muros de madera y hacen presas. Así el agua se acumula y hay más profundidad. ¡Solo a un arquitecto se le podía ocurrir algo así!

La hormiga tejedora

¿Sabías que hay insectos que tejen? La hormiga tejedora tiene la capacidad de hacerlo. En lugar de excavar laberínticos hormigueros bajo tierra, construye sus nidos uniendo hojas. Esto requiere un coordinado trabajo en equipo: unas hormigas doblan los bordes de una hoja para acercarlos al borde de otra hoja, mientras otras hormigas los unen usando seda. El resultado puede tener el tamaño de un puño, ¡pero también el de la cabeza de una persona! Un gran trabajo para un animal tan pequeño, ¿no crees?

1 ¿Por qué *Construyen su casa* es un texto expositivo? Lee y explica.

Los **textos expositivos** son aquellos en los que se da información sobre un tema concreto, por ejemplo, sobre la vida de alguien importante, sobre un hecho histórico, sobre una planta o sobre cómo funciona una parte del cuerpo.

Estos textos tienen que estar muy bien organizados, para que las ideas que transmiten se entiendan bien. Por eso, a menudo están estructurados en apartados. Además, el lenguaje tiene que ser claro y preciso. A veces, los textos expositivos contienen tecnicismos, que son palabras específicas de alguna disciplina.

Hay distintos tipos de textos expositivos. Algunos contienen enumeraciones o clasificaciones. Otros explican las causas de algo, ordenan distintos hechos en el tiempo o comparan varias realidades. También los hay que, simplemente, dan información variada sobre un tema.

2 Explica cómo está organizada la información en el texto.

Estas preguntas te ayudarán a saber qué tienes que decir:

- ¿Cuántos apartados tiene el texto?
- ¿Hay apartados que tienen un subtítulo?
- ¿Tiene el texto una introducción?

3 ¿De qué tres tipos de animales se habla en el texto? Copia la opción correcta.

- De un ave, un reptil y un insecto.
- De un pájaro, un ratón y una araña.
- De un ave, un roedor y un insecto.

4 Explica con tus palabras por qué puede decirse que los animales de los que habla el texto son arquitectos.

5 ¿Dónde podrías encontrar el texto *Construyen su casa*?

- En una guía de viajes.
- En una revista divulgativa.
- En una recopilación de cuentos.
- En un libro de fotografía.

Inventa y escribe un título para la publicación que has elegido.

6 Copia sustituyendo la palabra destacada por otra de significado parecido.

El pájaro tejedor africano tiene un **vistoso** plumaje amarillo.

Escribe una palabra de significado contrario.

7 **Busca en el texto una palabra que proceda de cada una de las siguientes:**

- verdad
- pluma
- espectáculo
- laberinto

8 **Copia las afirmaciones verdaderas sobre el pájaro tejedor africano.**

- Hace distintos tipos de nudos con el pico y las patas.
- Para construir su nido utiliza briznas de hierba, hojas y flores.
- Hace pocos viajes para buscar los materiales que necesita.
- La entrada de su nido está en la parte inferior.

Ahora, corrige las afirmaciones falsas.

9 **¿Con qué se compara en el texto el nido del pájaro tejedor africano?**

Piensa y escribe otra comparación.

10 **Contesta sobre el castor y su madriguera.**

- ¿Qué habilidad especial tiene el castor?
- ¿Qué nombre recibe su madriguera? ¿Por qué?
- ¿Dónde la construye?
- ¿Por qué motivo coloca muros de madera y hace presas?

11 **Busca en internet información sobre los castores y averigua por qué la entrada a sus madrigueras está sumergida.**

12 **¿Por qué se dice esto de la hormiga tejedora y su nido? Explica.**

Un gran trabajo para un animal tan pequeño.

13 **¿En cuál de estos lugares podrías encontrar un nido de hormigas tejedoras? Razona tu respuesta.**

14 **Las hormigas tejedoras se coordinan para construir sus nidos. Hablad en clase sobre la importancia de saber trabajar en equipo.**

15 Lee y contesta.

Nombre científico: *Osmia avosetta*

Tipo de animal: insecto, abeja.

Localización: Turquía e Irán.

Características: al igual que el resto de insectos, su cuerpo consta de cabeza, tórax y abdomen. Del tórax parten las dos alas y los tres pares de patas.

Alimentación: polen y néctar.

Forma de vida: a diferencia de la abeja común no produce miel ni vive en colmenas. Construye con pétalos de flores y barro un peculiar nido con forma de saco donde pone un único huevo.

- ¿Cuál es el tema del texto?
- ¿Qué tipo de texto es? ¿Cómo está organizada la información?

16 Busca en un mapa los países donde vive la *Osmia avosetta*. Luego, di en qué continente están y qué mares bañan las costas de cada uno.

17 ¿En qué se diferencia la *Osmia avosetta* de la abeja común?

18 Ordena la información y obtendrás un texto que explica cómo hace sus nidos la *Osmia avosetta*.

- Luego, hace una capa de pétalos que cubre el fondo y las paredes del agujero.
- Primero, cava un agujero en la tierra.
- A continuación, recubre con barro esa primera capa de pétalos.
- Por último, encima del barro coloca otra capa de pétalos.
- Después, hace múltiples viajes en los que recoge pétalos de flores.

Subraya las palabras que te han ayudado a saber el orden en que tenías que copiar las oraciones.

19 ¿Crees que en el texto *Construyen su casa* podría haber un apartado sobre la *Osmia avosetta*? ¿Por qué?

Redacta el párrafo que incluirías.

20 Investiga y escribe un texto expositivo sobre un animal que te guste.

Tienes que incluir esta información:

- Qué tipo de animal es.
- Cómo es.
- Dónde vive.
- De qué se alimenta.

Recuerda que los textos expositivos deben estar muy bien organizados.

TAREA 10

Vas a leer un cuento de un conocido escritor: Isaac Bashevis Singer. Busca información sobre él e identifica las afirmaciones verdaderas.

- Recibió el Premio Nobel de Literatura en 1978.
- Nació en Israel.
- Escribió casi toda su obra en su lengua materna: el inglés.
- Vivió en EE. UU. desde 1935.

Ahora, escribe un texto sobre ese escritor que contenga estos datos:

- orígenes
- lengua en la que escribió
- título de algunas obras

El día en que me perdí

Resulta fácil reconocerme. Soy un hombre que, en la calle, lleva un abrigo demasiado largo, zapatos demasiado grandes, un sombrero arrugado, unas gafas a las que les falta un cristal y arrastra un paraguas, aunque brille el sol. Siempre tengo los bolsillos repletos de papeles y llevo un maletín a punto de reventar. Me llamo Shlemiel. Soy profesor de Filosofía en la universidad.

Hace más de cuarenta años que vivo en Nueva York; sin embargo, me desoriento constantemente. Siempre llego tarde y nunca reconozco a nadie. Pierdo abrigos, sombreros, libros, manuscritos... Soy lo que se dice un profesor distraído.

Además de mis continuas equivocaciones, tengo muy mala memoria. Entro en una cafetería, cuelgo mi abrigo y me voy sin él. Cuando me acuerdo de que tengo que volver a buscarlo, ya he olvidado dónde estuve. Una tarde tomé un taxi porque tenía prisa por llegar a casa. El taxista me preguntó:

–¿Adónde?

Y no pude recordar mi dirección.

–A casa –dije.

–¿Y dónde es «a casa»? –preguntó sorprendido.

–No me acuerdo –contesté.

–¿Cómo se llama?

–Profesor Shlemiel.

–Profesor –dijo el conductor–, lo llevaré a una cabina de teléfonos. Mire en la guía y encontrará su dirección.

Me llevó al teléfono más cercano, pero se negó a esperarme. De repente, me di cuenta de que había olvidado mi portafolio en el taxi. Corrí detrás de él gritando:

–¡Mi portafolio! ¡Mi portafolio!

Pero el taxista ya no podía oírme.

En ese momento recordé que, meses antes, mi esposa había decidido que nuestro número telefónico no estuviera en la guía. ¿Cómo iba a volver a casa?

Era el día de mi cumpleaños y mi mujer había invitado a unos amigos. Podía verlos sentados en nuestro salón, esperándome. Y yo estaba perdido. Era incapaz de regresar a mi casa por mi mala memoria.

Entonces, llamé a algunos amigos cuyos números de teléfono sorprendentemente me vinieron a la memoria. Pero la respuesta de quien me atendió fue siempre la misma: «Han ido a una fiesta a la casa del profesor Shlemiel».

Mientras estaba en la calle preguntándome qué hacer, comenzó a llover. «¿Dónde está mi paraguas?», me pregunté. Y de inmediato supe la respuesta. Lo había olvidado... en alguna parte. Me refugié bajo un toldo cercano. Llovía a cántaros. Había truenos y relámpagos.

Para distraerme comencé a reflexionar sobre un viejo problema filosófico. Una gallina pone un huevo y, llegado el momento, nace un pollito. Así ha sido siempre. Todo pollo nace de un huevo y todo huevo, de una gallina. Pero ¿qué fue primero: el huevo o la gallina? Ningún filósofo ha sido capaz de resolver este eterno interrogante. Pero sin duda debe de haber una respuesta. Quizá yo, Shlemiel, esté destinado a dar con ella.

Seguían cayendo chuzos de punta. Se me estaban mojando los pies y estaba helado. Comencé a estornudar y me quise limpiar la nariz, pero también mi pañuelo había desaparecido.

En ese momento vi un gran perro negro. Estaba empapándose bajo la lluvia y me miraba con ojos tristes. Inmediatamente me di cuenta del problema. El perro se había perdido. Sentí un enorme cariño por el inocente animal. Lo llamé y corrió hacia mí. Le hablé como si fuera humano.

–Amigo, estamos en el mismo barco –le dije–. Aquí estás, tiritando bajo la lluvia, mientras tu amo te busca por todas partes. Probablemente, tengas tanta hambre como yo.

Le di unas palmaditas en la cabeza y el perro movió la cola.

–Cuidaré de ti hasta que los dos hayamos encontrado nuestras casas. Si no encontramos a tu amo, te quedarás conmigo. Dame la pata –le dije.

El perro levantó la pata izquierda. Sin lugar a dudas, había comprendido.

Un taxi pasó cerca y nos salpicó a los dos. De pronto, se detuvo y oí que alguien gritaba:

–¡Shlemiel! ¡Shlemiel!

Miré y vi que se abría la puerta del taxi y aparecía la cabeza de un amigo mío.

–Shlemiel –dijo–, ¿qué estás haciendo?

–¿Adónde vas? –le pregunté.

–A tu casa, naturalmente, no me perdería tu cumpleaños por nada del mundo. Siento haberme retrasado, pero me entretuvieron. De cualquier forma, más vale tarde que nunca. Pero ¿por qué no estás en casa? ¿Y de quién es ese perro?

–¡Qué noche! –exclamé–. He olvidado mi dirección, he dejado mi portafolio en un taxi, he perdido el paraguas...

–Shlemiel –dijo mi amigo–, si alguna vez ha habido un profesor realmente distraído, ese eres tú.

Cuando por fin llegamos a mi casa y toqué el timbre, mi mujer vino a abrir.

–¡Shlemiel! –gritó–. Todos te están esperando. ¿Dónde has estado? ¿Dónde está tu portafolio? ¿Y tu paraguas? ¿Qué significa este perro?

Mis amigos me rodearon y preguntaron:

–¿Dónde estabas? Nos tenías preocupados. Pensábamos que te había pasado algo.

–¿Y este perro? –seguía preguntando mi mujer.

–No sé –dije finalmente–. Lo encontré en la calle.

–Sabes que nuestra gata odia los perros. ¿Y qué pasa con los periquitos? Les dará un susto de muerte.

–Es un perro tranquilo –dije–. Se hará amigo de la gata. Estoy seguro de que le encantan los periquitos. No podía dejarlo tiritando bajo la lluvia. Es un buenazo.

Acababa de decirlo cuando el perro lanzó un aullido capaz de helar la sangre a cualquiera. La gata arqueó el lomo y le bufó. Los periquitos se pusieron a piar y a aletear...

¿Os interesa saber cómo acabó todo?

El perro todavía vive con nosotros. Él y la gata son grandes amigos. Los periquitos aprendieron a cabalgar en su lomo, como si se tratase de un caballo. En cuanto a mi mujer, quiere al perro incluso más que yo. Cada vez que salimos de paseo juntos, ella nos dice:

–Vosotros dos, cuidado: no olvidéis dónde vivís.

Nunca volví a encontrar mi portafolio ni mi paraguas. Como muchos otros filósofos que me precedieron, he renunciado a resolver el enigma de qué fue primero: si el huevo o la gallina. En cambio, comencé a escribir un libro que se llama *Memorias de Shlemiel*. Si no olvido el manuscrito en cualquier parte, algún día podréis leerlas. De momento, he aquí un capítulo de muestra.

Isaac Bashevis Singer
Cuentos para niños, Editorial Anaya (Adaptación)

TU APORTACIÓN

- **Inventa el título de otros dos capítulos del libro *Memorias de Shlemiel*.**

  Deben ser títulos acordes con el carácter y la vida de Shlemiel.

1 **Contesta sobre el protagonista.**

- ¿Cómo se llama?
- ¿Dónde vive?
- ¿A qué se dedica?
- ¿Qué aspecto tiene?
- ¿Cómo es su carácter?
- ¿Cómo se lo reconoce?

Escribe un texto sobre el personaje con esos datos.

Además, puedes escribir una breve introducción, pensar un final original...

2 **¿Qué le pasó a Shlemiel un día que cogió un taxi? Escribe.**

Explica en qué consistieron estos intentos por solucionar el problema y por qué fracasaron.

Lo que se le ocurrió al taxista.

Lo que se le ocurrió a Shlemiel.

3 **Ordena las viñetas y escribe la continuación de la historia.**

4 **¿Qué opinaba cada uno del perro cuando llegó a casa?**

La mujer de Shlemiel

Shlemiel

Cuenta qué pasó al final con el animal.

5 **Resuelve estas actividades sobre el texto:**

- Lee el comienzo y di quién cuenta la historia.
- Reescribe el primer párrafo haciendo que el narrador no sea el protagonista, sino alguien que no participa en la historia.
- Copia la oración en la que el narrador se dirige a los lectores.
- Explica qué sorprendente información sobre el texto se da en la última línea.

6 **Dividid la clase en grupos. Cada grupo pensará un regalo para Shlemiel por su cumpleaños y justificará su elección.**

TAREA 11

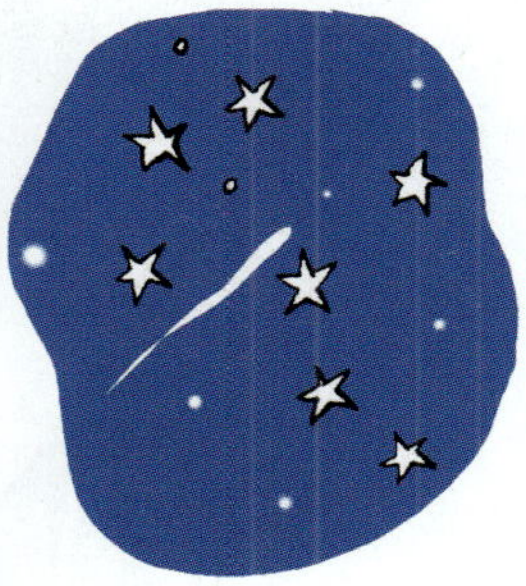

A menudo, cuando leemos un cuento nos imaginamos detalles de la historia que no se mencionan en el texto. Sin embargo, a veces, el cuento nos sorprende.

Lee los dos primeros párrafos de este cuento. Luego, imagina y contesta.

¿Quién narra la historia?

¿Dónde se encuentra?

Mirar la Luna

Una noche de verano sumamente calurosa, una noche de finales de julio, salí a tomar el aire fuera de la cabaña en la que me disponía a pasar una larga temporada. La noche era apacible y muy muy hermosa. A mi alrededor, todo era quietud y en el aire flotaba un no sé qué extraño y fascinante. El cielo estaba completamente despejado y a mí me pareció un océano lleno de misterios.

De pronto, sin saber por qué, me dieron unas ganas terribles de mirar la Luna. La busqué y la busqué con la mirada, pero nada. No se la veía por ningún lado. Me puse las gafas y nada: seguía sin verla. Me quité las gafas, las limpié, me las volví a poner... Nada.

Entonces recordé que en algún lugar tenía guardado un potente telescopio portátil. Lo instalé y me pasé un largo rato mirando el cielo a través de su lente, pero la Luna no aparecía por ningún lado.

Era imposible que la Luna estuviese tapada por las nubes. Nubes no había ni una. En cambio, estrellas, un montón. Pero la Luna no estaba. Me fijé en el almanaque. Era un día de luna llena. Un día despejado de luna llena. ¿Cómo podía ser que la Luna no estuviera? ¿Dónde se habría metido? En algún lugar tenía que estar. Tal vez aparecería más tarde. Decidí armarme de paciencia y esperar.

Esperé con ganas. Esperé con impaciencia. Esperé con curiosidad. Esperé con ansias. Esperé con entusiasmo. Esperé y esperé. Cuando me cansé de esperar, miré al cielo y nada. La Luna seguía sin aparecer.

Una vez que pude sobreponerme a mi decepción, me serví un café y me lo bebí lentamente. Cuando lo terminé de tomar, la Luna seguía sin aparecer. Me serví otro café. Cuando lo terminé de tomar, ya me había tomado dos cafés. Pero de la Luna, seguía sin tener ninguna noticia. Después del décimo café, la Luna no había aparecido y a mí se me había terminado el café. Paciencia, por suerte, todavía tenía.

Consulté las tablas astronómicas que siempre llevaba en la mochila. Eclipse no había. Pero de la Luna, ni rastro.

¡Qué extraño era aquello! Volví a coger el telescopio y enfoqué bien, en distintas direcciones. El cielo nocturno era maravilloso y, como tantas otras veces, me sorprendió mucho encontrar algo que no esperaba ver. Mucho menos en ese momento y en ese lugar.

Ahí, a lo lejos, entre tantas galaxias con tantas estrellas y tantos cuerpos celestes desconocidos que se movían en el espacio, había un pequeño planeta con un cartelito que decía «Tierra».

INTERRUMPE LA LECTURA Y VUELVE A CONTESTAR.

¿Quién narra la historia?

¿Dónde se encuentra?

Aumenté la potencia de mi telescopio y pude ver claramente que en la terraza de mi casa todavía estaba colgada la ropa que me había quitado antes de ponerme el traje de astronauta. Y dentro, en el comedor, mi marido y los chicos estaban comiendo un plato de pasta y viendo las noticias en la televisión. En ese momento, justo en ese momento, estaban mostrando una fotografía mía y el Servicio de Investigaciones Espaciales informaba de que mi alunizaje se había producido sin novedad.

Me tranquilicé y me quedé fuera, disfrutando serenamente de la noche, mirando todo con la boca abierta, pensando en vaya usted a saber qué, tan distraída como siempre, totalmente en la Luna.

ADELA BASCH
Saber de las galaxias y otros cuentos
Editorial Norma (Adaptación)

TU APORTACIÓN

Elige uno de los siguientes titulares y redacta la noticia que podría encabezar.

Luego, lee la noticia que has escrito como lo harías en televisión.

1 **Comenta en clase las respuestas que has dado en la lectura.**

- ¿Quién pensabas al principio que contaba la historia? ¿Y después?
- ¿Dónde habías pensado que transcurriría al principio? ¿Y después?

Explica por qué lo imaginabas.

2 **Lee el penúltimo párrafo del texto y copia las palabras clave para entender quién era la protagonista y dónde estaba.**

3 **Lee y di por qué sucedía eso realmente.**

Nubes no había ni una. En cambio, estrellas, un montón.

- Porque hacía muy buen tiempo.
- Porque estaba fuera de la atmósfera.

4 **Copia los sinónimos de la palabra destacada.**

La noche era **apacible**.

- plácida
- bochornosa
- aburrida
- serena
- agradable
- plomiza

5 **Contesta.**

- ¿Qué pretendía la protagonista del cuento al principio?
- ¿Qué hizo para conseguirlo?
- ¿Por qué no lo consiguió?

6 **Lee los siguientes adjetivos y di en qué momento se sentía así la protagonista.**

decepcionada | sorprendida | impaciente

Explica cómo se sentía la protagonista al final del cuento.

7 **¿Qué rasgo destacarías del carácter de la protagonista?**

¿Conoces a alguien tan despistado como ella? Di quién es y cuenta alguna anécdota.

8 **¿Qué significa la expresión *estar en la luna*?**

¿Cuáles de estas expresiones tienen un significado parecido?

- estar en Babia
- estar en el quinto pino
- estar en las nubes
- estar en la onda

9 Contesta sin mirar el texto del cuento.

- ¿Cuándo sucedió la historia: a principios o a finales de julio?
- ¿Cuántos cafés se tomó la astronauta?
- ¿Qué llevaba en su mochila?
- ¿Qué estaba comiendo su familia?

10 ¿Cómo debía estar la Luna esa noche según el almanaque?

Di cómo se llaman las otras fases de la luna.

11 Copia en orden estas afirmaciones y escribe un resumen del cuento.

- Al final, la astronauta se tranquilizó y disfrutó de la noche.
- La Luna no se veía, a pesar de que, según el almanaque, había luna llena.
- Una noche, una astronauta salió de su cabaña para ver la Luna.
- Entonces cogió el telescopio y... ¡vio la Tierra!
- Se tomó diez cafés mientras esperaba ver la Luna, pero esta no apareció.

12 En el texto se usa la repetición de palabras para enfatizar algunas ideas. Lee los párrafos segundo y quinto, y contesta.

- ¿Qué palabras se repiten en el segundo párrafo?
- ¿Qué palabras se repiten en el quinto párrafo?
- ¿Qué crees que se pretende destacar en cada caso?

13 En el cuento, la protagonista es quien narra la historia. Imagina cómo lo haría un narrador externo.

Escribe el segundo párrafo del cuento como lo haría un narrador externo.

14 Comenta en clase tu opinión.

- ¿Te ha gustado el cuento? ¿Por qué?
- ¿Qué es lo que más te ha gustado de la historia?

15 Inventa y escribe.

Otro título para el cuento.

Otro final sorprendente.

TAREA 12

Construye tu propia cometa

Volar una cometa es una actividad divertida y sencilla, aunque requiere cierta habilidad. Es bonito ver tu cometa en el cielo, y más si la has hecho tú... ¿Te animas a construir tu propia cometa para poder probarlo? Solo tienes que seguir estos sencillos pasos.

¿Qué necesitas?

Dos cañas o dos palos finos de distinta longitud, papel resistente, hilo de cometa, pegamento, tijeras, cúter y tela.

¿Cómo hacerlo?

1

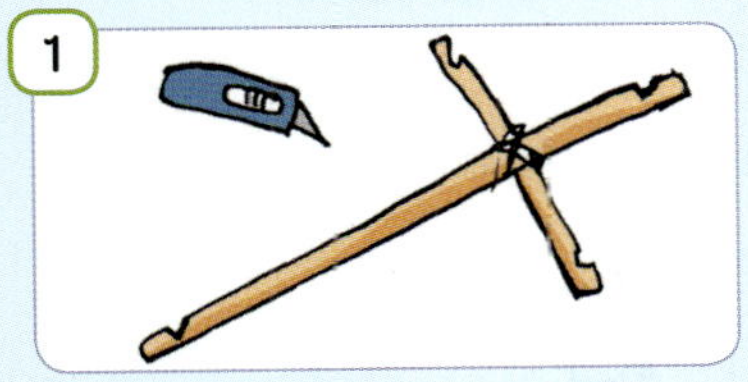

Ata en forma de cruz dos palos finos o dos cañas y haz unas muescas pequeñas en los extremos.

2

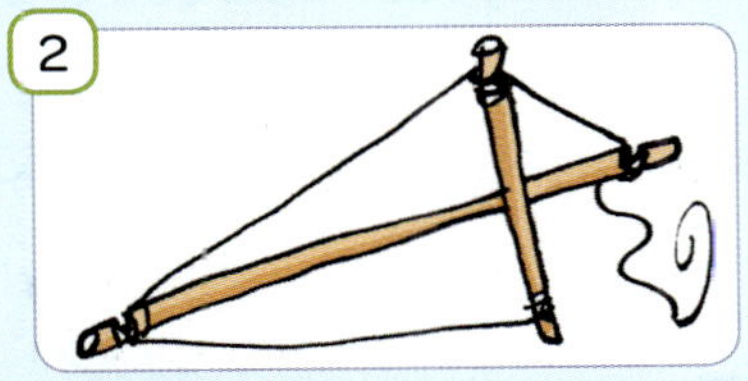

Une los cuatro extremos con hilo de cometa. Deberás dar varias vueltas sobre las muescas.

3

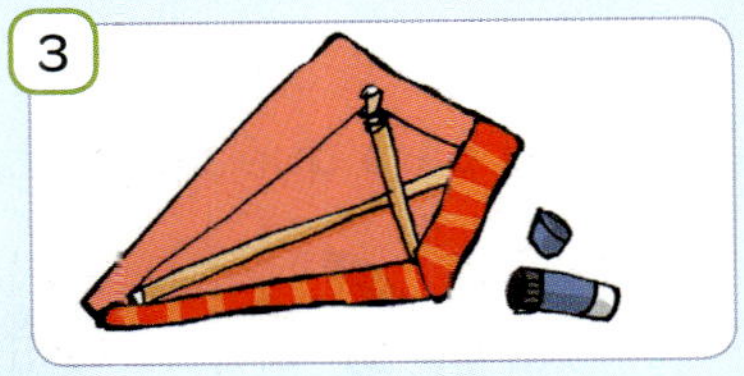

Recorta un papel más grande que la estructura de la cometa y pega los bordes por encima del hilo.

4

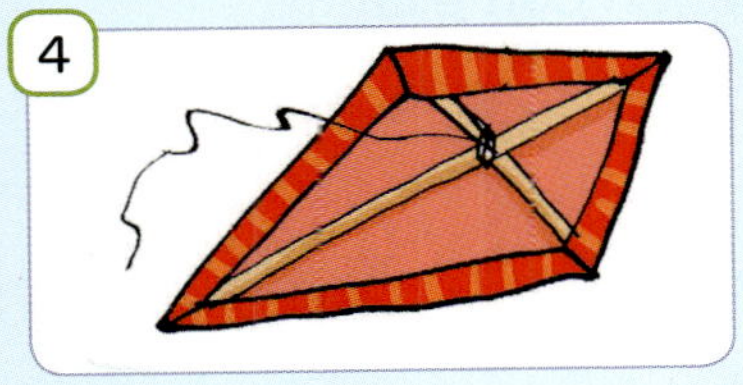

Atraviesa la cometa con un trozo de hilo por el centro y anúdalo dejando un extremo más largo.

5

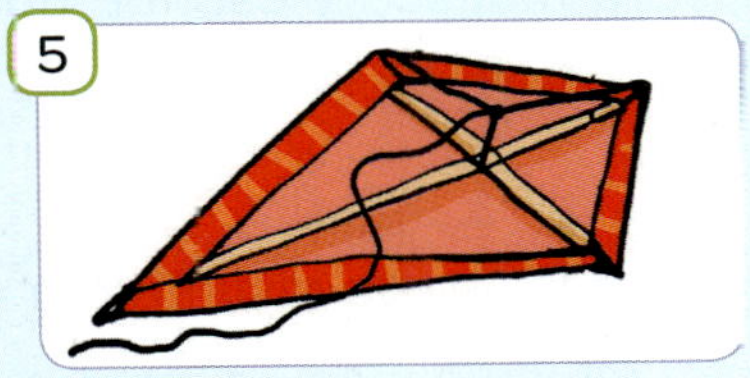

Ata otros hilos en dos vértices consecutivos. Luego, anúdalos con el hilo del centro y el resto del rollo.

6

En el extremo inferior, pon una cola larga hecha de tela o de cintas de varios colores.

CONSEJOS PARA VOLAR LA COMETA

- Elige un día de viento moderado. Colócate de espaldas al viento.
- Pide ayuda a otra persona para tensar la cuerda antes de soltar la cometa.
- Asegúrate de que no haya nudos ni enredos en las cuerdas.

PRECAUCIONES

- Evita la lluvia y las tormentas. ¡La cuerda mojada puede atraer la electricidad.
- Vuela tu cometa en espacios grandes y abiertos donde no pueda engancharse con nada.

1 Lee y explica, con ejemplos concretos, qué características de los textos instructivos están presentes en *Construye tu propia cometa*.

> Los **textos instructivos** contienen información sobre los pasos que hay que seguir para realizar algo. Por ejemplo, construir un juguete, montar un mueble, cocinar un plato, comprar un billete de tren en internet...
>
> Los pasos o instrucciones aparecen ordenados y pueden estar numerados. Al principio de cada paso suelen aparecer expresiones temporales como *en primer lugar*, *a continuación*, *luego*, *finalmente*... En cuanto a las formas verbales, se emplean el imperativo (*Recortad la figura...*), el infinitivo (*Recortar la figura...*) o las oraciones con *se* (*Se recorta la figura...*).
>
> Los textos instructivos que explican los pasos para la elaboración de algo suelen tener dos apartados: una enumeración de los materiales necesarios y las instrucciones propiamente dichas. Estos textos suelen ir acompañados de imágenes.

2 Explica por qué la sección *¿Qué necesitas?* aparece antes de *¿Cómo hacerlo?*

3 Indica para qué se utilizan estos objetos en la fabricación de la cometa.

4 Explica el significado de la palabra *muesca* y escribe una oración con ella.

5 Contesta.

- ¿Por qué las dos varillas tienen que ser de distinto tamaño?
- ¿Para qué sirven las muescas que se hacen en los extremos?
- ¿Por qué el papel debe ser más grande que la estructura de la cometa?
- ¿Para qué sirve toda la cuerda que queda enrollada?

6 ¿Qué tiempos verbales se utilizan en el texto para explicar los pasos? Copia tres ejemplos.

Redacta esos tres ejemplos utilizando otros tiempos verbales.

7 Copia estas acciones según el orden en que se deben realizar.

- Perforar el centro de la cometa y pasar un trozo de hilo.
- Realizar pequeñas muescas en los extremos de las varillas.
- Cortar un trozo grande de un papel que sea resistente.
- Confeccionar la cola de la cometa con un trozo de tela.

8 ¿Por qué crees que es tan importante que las instrucciones estén ordenadas? Explícalo con algún ejemplo.

9 Corrige las afirmaciones que sean falsas.

Las dos varillas se deben atar en forma de X.	El papel va cosido a la estructura de la cometa.	La cola de la cometa se hace con tela.	Los cuatro extremos se unen con cuerda.

10 Escribe de qué manera decorarías tu cometa para que fuera especial.

Redacta la instrucción que añadirías a texto *Construye tu propia cometa.*

11 ¿Qué crees que aportan los dibujos al texto de las instrucciones?

12 Lee la definición de *cometa* y di qué información de las instrucciones aparece en ella.

> **cometa.** *s. f.* Juguete hecho con tela o papel que tiene una especie de cola y se eleva en el aire sujetándolo con un cordel.

13 Da todas las razones que se te ocurran para explicar por qué es mejor volar una cometa con alguien.

14 Señala en qué espacios es aconsejable volar una cometa y explica por qué.

- salón
- calle
- descampado
- centro comercial
- playa
- pradera
- bosque
- patio

15 ¿Qué advertencias del texto *Construye tu propia cometa* se han ignorado al volar estas cometas? ¿Por qué son importantes esas advertencias?

16 Reflexiona sobre tu experiencia y contesta.

- ¿Para qué se utilizan normalmente los textos instructivos? Pon ejemplos de tu vida diaria.
- ¿Dónde puedes encontrar un texto instructivo? Explica por qué.
- Cuenta cuándo fue la última vez que seguiste instrucciones para hacer algo.

17 Lee y contesta. ¿Cuál es la finalidad del siguiente texto?

Reciclar y crear

Los residuos no son algo inservible. No son simplemente basura. Desde hace algunos años, los residuos han pasado a ser material reciclable para crear nuevos objetos, incluso obras de arte.

Maderas, envases, chatarras, aparatos electrónicos, botones, tapones, papeles, latas, hueveras..., todos ellos pueden tener una nueva vida.

Piensa en los objetos cotidianos que ya no te sirven, y probablemente encontrarás la manera de reciclarlos o convertirlos en otra cosa. Por ejemplo, utiliza los viejos CD para hacer posavasos o emplea los tapones de plástico para fabricar imanes de nevera.

¡No lo olvides! Preserva los recursos naturales y ahorra energía de la manera más divertida creando tus propios objetos a partir de material reciclado.

- Animar a crear reciclando materiales.
- Explicar los pasos que hay que seguir para crear reciclando.
- Enseñar a realizar trabajos manuales sencillos.

Explica por qué no es un texto de instrucciones.

18 Según el texto que has leído, ¿qué son los materiales reciclables?

Aporta tres ejemplos de materiales reciclables distintos de los del texto.

19 Explica el significado de estas palabras sin ayuda del diccionario:

residuo | reutilizar | preservar | inservible

20 Basándote en el texto, di si estas afirmaciones son verdaderas o falsas.

- Reciclar materiales es algo que podemos hacer en nuestra propia casa.
- A lo largo de los siglos el ser humano siempre ha reciclado los materiales.
- A veces tiramos a la basura objetos que pueden servir para otras cosas.
- Reciclar no ayuda a conservar los recursos naturales, pero sí al ahorro de energía.

21 ¿Qué materiales reciclados se podrían usar para hacer una cometa?

22 Escribe las instrucciones para hacer una manualidad con material reciclado.

- Enumera los materiales necesarios.
- Numera los pasos y redáctalos de forma clara y ordenada.
- Acompaña los textos con dibujos.
- Puedes escribir recomendaciones o advertencias finales.

El puntual, 18 de abril de 2019

El valor de una carrera

ROSARIO DURÁN

En 1967, la atleta y abogada estadounidense Kathrine Switzer se convirtió en un mito del deporte al ser la primera mujer que terminó el maratón de Boston, uno de los más famosos del mundo.

Lo que hizo Switzer marcó un antes y un después, ya que hasta entonces a las mujeres no les estaba permitido participar en ese tipo de competiciones. Se pensaba, incluso, que no estaban capacitadas para completar los 42 kilómetros de un maratón.

Para poder correr, la pionera atleta tuvo que inscribirse sin especificar su nombre completo, Kathrine Virginia, poniendo solo sus iniciales, K.V., seguidas de su apellido. De este modo, los organizadores no pudieron saber que no era un hombre.

En la carrera, solo había avanzado cuatro kilómetros cuando fue descubierta por Jock Semple, el director del maratón. Semple iba en el camión de prensa junto a los periodistas que cubrían el evento y la vio. «¡Sal de mi carrera y devuélveme ese número!», le gritó al tiempo que intentaba arrancarle el dorsal. El novio de Kathrine y otros corredores la defendieron y pudo terminar la prueba. «Me di cuenta de que si no terminaba esa carrera, la gente diría que las mujeres no podían correr un maratón», explicó la atleta años más tarde.

Cuando Switzer cruzó la meta, apenas recibió aplausos. Y fue descalificada. Pero apareció en la portada de muchos periódicos al día siguiente. Desde entonces, nada sería igual, ni para ella ni para muchas otras mujeres que querían participar en carreras de larga distancia como lo habían hecho siempre los hombres.

Cincuenta años después de aquella histórica prueba, en el maratón de Boston había 13.698 mujeres inscritas. Entre ellas estaba también la veterana atleta, con el dorsal 261, el mismo que llevaba en 1967. Un número que se ha convertido en un símbolo.

Al cabo de medio siglo, podemos constatar que el mundo ha cambiado un poco. ¡Sin duda, para mejor! Hechos como el primer maratón de Kathrine Switzer lo hacen posible.

Kathrine Switzer en uno de los últimos maratones en los que ha participado.

1 **Lee la siguiente información y di qué clase de texto periodístico es *El valor de una carrera*. Debes justificar tu respuesta.**

Releer con atención el último párrafo te será de ayuda para responder.

Los **textos periodísticos** son aquellos en los que se da información sobre un hecho o sobre un tema de interés. Se difunden a través de los medios de comunicación, como la prensa, la radio o la televisión.

Aunque cada texto periodístico puede estar escrito con un estilo propio, el lenguaje que se emplea en ellos se caracteriza por la precisión y la claridad.

Entre los textos periodísticos destacan la noticia, el artículo y la entrevista.

- La **noticia** cuenta de forma breve un suceso reciente. En ella se relatan solo hechos, no opiniones.
- El **artículo** presenta la opinión personal del autor o autora sobre un hecho o sobre un tema concreto. Su contenido recoge opinión e información.
- La **entrevista** recoge el diálogo entre la persona que entrevista y la que es entrevistada para conocer cómo es, qué hace o qué piensa esta persona.

2 **Contesta.**

- ¿Cómo se llama el periódico en el que se ha publicado el artículo?
- ¿Cuándo se ha publicado?
- ¿Cómo se llama la periodista que lo ha escrito?
- ¿Cuál es el titular?

Piensa y escribe otro titular para el artículo, que resulte atractivo y llame la atención del público.

3 **Explica el significado de estas expresiones que utiliza la autora del artículo para referirse a Kathrine Switzer y al maratón de 1967.**

pionera atleta | mito del deporte | histórica prueba

4 **En el artículo se recogen las palabras de otras personas. ¿De quiénes? Cópialas.**

¿Cómo has sabido que esas palabras no son de la autora del artículo?

5 **¿Por qué lo que hizo Kathrine Switzer marcó un antes y un después? Copia la respuesta correcta.**

- Porque antes de ella nadie había conseguido terminar el maratón de Boston.
- Porque en 1967 a las mujeres no se les permitía participar en un maratón.
- Porque nadie había usado anteriormente el dorsal con el número 261.

6 **Responde.**

- ¿Qué hizo Kathrine Switzer para poder inscribirse en el maratón? ¿Por qué?
- ¿Por qué durante la carrera la tuvieron que defender su novio y otros compañeros?
- ¿Qué pasó cuando llegó a la meta? ¿Y al día siguiente?

7 **Kathrine Switzer ha corrido más veces el maratón de Boston. Di algún año.**

Ahora, busca en el texto el adjetivo *veterana* y resuelve:

- ¿En qué párrafo aparece?
- ¿Cuál de estas palabras tiene un significado parecido?

inexperta	experimentada	veloz

- ¿Por qué la autora le aplica ese adjetivo a Kathrine Switzer?

8 **Imagina que eres periodista y que vas a entrevistar a Kathrine Switzer. ¿Qué preguntas le harías?**

Escribe también la presentación de ella que incluirías.

9 **La autora del artículo dice que gracias a Kathrine Switzer el mundo ha cambiado para mejor. ¿Por qué?**

10 **Busca información sobre una de estas deportistas y escribe un texto sobre ella.**

Ten en cuenta lo siguiente:

- Debes incluir su lugar y fecha de nacimiento.
- Tienes que centrarte en sus méritos deportivos.
- Tu texto debe tener una extensión de unas diez líneas.

Carolina Marín.

Lisa Leslie.

Teresa Perales.

11 Lee y explica por qué este texto es una noticia:

El polideportivo de Amuria abre, por fin, sus puertas

Todos los equipos locales entrenan ya en las nuevas instalaciones

La localidad de Amuria cuenta ya con un nuevo y moderno polideportivo. El sábado pasado, a las 12:00 horas, tuvo lugar el acto de inauguración, que contó con una invitada muy especial: la gimnasta Teresa Castín, oriunda de esta localidad y ganadora de varias medallas en competiciones nacionales e internacionales de gimnasia deportiva. «Espero que este nuevo polideportivo sea una motivación más para conseguir que practiquemos más deporte», dijo al público asistente al acto.

Desde el mismo día de la inauguración, los habitantes de Amuria pueden disfrutar de los servicios del nuevo polideportivo. Las obras se han prolongado durante dos años, pero «la espera ha merecido la pena», comenta a este medio la entrenadora del equipo local de baloncesto. «Las nuevas instalaciones son espectaculares», añade.

Leopoldo Lumea, el director del centro, y la alcaldesa, Laura Jimeno, aprovecharon la ocasión para anunciar la celebración de una carrera solidaria en las pistas de atletismo, que servirá para que los participantes y el público asistente conozcan de primera mano el nuevo complejo deportivo.

12 Responde.

- ¿Qué se ha inaugurado en Amuria?
- ¿Cuándo fue la inauguración?
- ¿Quiénes participaron?
- ¿Qué se anunció durante el acto?

13 Localiza la palabra *oriunda* en el texto y explica su significado.

Escribe una oración en la que uses esa palabra.

14 Elige y escribe una noticia breve sobre uno de estos hechos.

No te olvides de añadir el titular.

En tu localidad se va a celebrar un campeonato de voleibol.	El equipo de waterpolo de tu ciudad ha ganado una medalla de oro.

15 Hablad en clase sobre la importancia de practicar deporte.

Podéis tratar estos temas:

- ¿Por qué es bueno para la salud practicar deporte?
- ¿Qué otros beneficios tiene?
- ¿Qué deportes os gusta practicar? ¿Cuándo los practicáis? ¿Dónde?

TAREA 14

PRESENTACIÓN

Uno de los personajes más importantes de la Antigüedad es **Ulises**, el rey de Ítaca, una pequeña isla al oeste de Grecia. Ulises fue el creador del gran caballo donde se escondió el ejército griego para entrar en Troya y conquistarla durante la guerra librada en esa ciudad.

Ulises es protagonista de numerosas leyendas. A menudo, junto a él aparecen otros personajes, como dioses o seres malvados que ensalzan siempre las virtudes del héroe.

A cantar las aventuras de Ulises dedicó el poeta Homero la *Odisea*, en alusión a Odiseo, nombre en griego del protagonista.

Ulises y el cíclope

Cuenta una antigua historia griega que Ulises, rey de Ítaca, tras participar en la guerra de Troya, emprendió el viaje de regreso a su patria.

Al comienzo de aquel viaje, sus naves fueron empujadas por el viento a las costas de Sicilia, la bella isla de las aguas de color zafiro. Después de desembarcar, el rey y algunos soldados empezaron a explorar la isla. Desconocían que estaban en el territorio de los cíclopes, horrendas criaturas de tamaño colosal que tenían un solo ojo en la frente. El más temido de todos los cíclopes era el fiero Polifemo.

Tras unas horas de camino, Ulises y sus soldados llegaron a la entrada de una cueva.

–¡Vayamos dentro! –ordenó el rey.

El antro estaba oscuro y despedía un desagradable olor. Pese a ello, los hombres entraron. Era una cueva gigantesca: su amplitud y altura resultaban sobrecogedoras. Absortos como estaban en la contemplación de aquel lugar desmesurado, no repararon en que Polifemo se acercaba con su rebaño.

El cíclope no tardó en advertir que los hombres estaban en la cueva. Inmediatamente se desató la ira del coloso. Profirió horribles insultos que retumbaron como los truenos de una violenta tempestad; arrancó de cuajo árboles centenarios; hizo volar por los aires rocas de tamaño descomunal...

Después de dar rienda suelta a su cólera, Polifemo entró en la gruta con el ganado y cerró la entrada con una enorme piedra para impedir que los hombres escaparan.

Un indescriptible terror se apoderó de los soldados. Entonces, Ulises, dando muestra una vez más de su espíritu heroico, se acercó al gigantesco monstruo mientras sus hombres permanecían inmóviles.

–Toma –le dijo tendiéndole las provisiones del viaje–. Aquí tienes nuestro vino y nuestra comida.

El cíclope rugió y extendió su mano repulsiva para agarrar lo que Ulises le ofrecía. Luego, bajando la cabeza, preguntó despectivamente:

–Y tú, ¿quién eres? Dime cómo te llamas.

El de Ítaca dudó un momento y respondió con astucia:

–Nadie. Me llamo Nadie.

Después, Polifemo se puso a comer. Comió y bebió hasta hartarse. Tras el opíparo banquete, se sumió en un profundo sueño y comenzó a roncar. Los ronquidos del cíclope helaban la sangre.

–Vamos, tenemos que aprovechar este momento –ordenó Ulises a los suyos.

Siguiendo las indicaciones de Ulises, los soldados cogieron una enorme y afilada estaca e hirieron en el ojo al temible ser. Polifemo se despertó entre alaridos de dolor. No veía nada. Sus gritos de desesperación se oyeron en toda la isla y los demás cíclopes se acercaron a la cueva.

–Polifemo, ¿qué te ocurre? ¿Quién te ha atacado?

–¡Nadie! ¡Nadie me ha herido! –respondió.

Ante aquella extraña respuesta, los cíclopes se marcharon. Polifemo, ciego, salió a tientas de la cueva y se sentó fuera, después de cerrar la entrada de nuevo. Allí pasó toda la noche.

Al amanecer, el cíclope decidió abrir la cueva para que sus rebaños salieran a pastar. Polifemo iba palpando a sus ovejas, intentando encontrar a Ulises entre medias, pero no lo consiguió. Y es que, durante la noche, Ulises había atado juntas a todas las ovejas y había ordenado a sus hombres que se escondieran debajo de ellas. Hasta él mismo se sujetó a la barriga de un enorme cordero.

Así fue como, gracias al ingenio de Ulises, él y los suyos se libraron de la fiereza del cíclope.

Y cuenta también esta antigua leyenda griega que, cuando todos los hombres habían embarcado, Ulises gritó desde su nave:

–¡Polifemo!, si alguien te pregunta quién te dejó ciego, dile que fue Ulises, rey de Ítaca.

Al oír aquello, Polifemo, fuera de sí, invocó a Neptuno, el dios del mar, para que lo ayudara a vengarse. Y, por eso, la ira de las aguas persiguió a los navegantes en su largo viaje de regreso a casa.

TU APORTACIÓN

- **Inventa una continuación de la historia que has leído en la que relates un enfrentamiento entre Neptuno y Ulises.**

Busca información sobre el dios Neptuno e intenta destacar sus características.

1 ¿Qué tipo de texto es *Ulises y el cíclope*?

- Un cuento popular.
- Una leyenda griega.
- Una fábula con moraleja.

2 Elige y copia dos palabras que signifiquen lo mismo que *opíparo*.

ligero | copioso | abundante | escaso

3 Recuerda los lugares que se mencionan en el texto y contesta.

- ¿De dónde venía Ulises?
- ¿Adónde iba?
- ¿Adónde llegó?

4 Escribe sobre Ulises.

¿Quién era? | ¿Cómo era su carácter? | ¿Por qué crees que es un héroe?

5 ¿Cuál de estos seres es un cíclope? Identifícalo y escribe una descripción sin mirar lo que se dice en el texto.

A

B

C

6 Contesta estas preguntas sobre el cíclope que aparece en la historia:

- ¿Cómo se llamaba el cíclope?
- ¿Por qué destacaba sobre los demás?
- ¿Dónde vivía?
- ¿A qué se dedicaba?

7 Explica el plan de Ulises para escapar de la cueva del cíclope. Utiliza estas palabras:

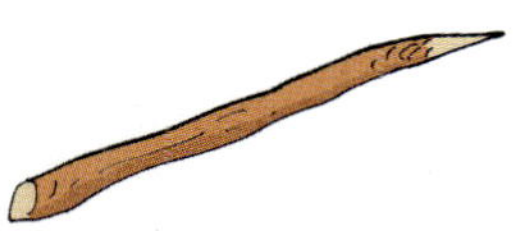

estaca

rebaño

provisiones

8 Explica por qué Polifemo no recibió ayuda de los otros cíclopes.

9 Lee el siguiente texto y contesta:

Ulises y las sirenas

Una noche, tras varios días de tormentas, con el mar por fin en calma, Ulises supo que se dirigían hacia la isla de las sirenas, esos seres que atraían a los navegantes con sus cantos para que perecieran ahogados.

Sin perder tiempo advirtió a sus hombres del peligro que se les avecinaba. Un murmullo de temor recorrió la tripulación:

–¡Serán nuestra perdición! –dijo un marinero.

–No sucederá nada si estamos preparados –contestó Ulises–. Os pondréis en los oídos cera de abeja. Así no escucharéis a las peligrosas sirenas. Luego, maniobraréis con rapidez para alejarnos de sus acantilados y proseguir nuestro viaje de regreso.

–Y tú, ¿qué harás mientras tanto? –le preguntó a Ulises uno de sus hombres.

–Yo quiero saber cómo son esos cánticos. Así que me amarraréis al mástil y no me desataréis por mucho que os lo suplique.

Pocas horas después, divisaron en el horizonte la isla. Entonces, desde las rocas, las sirenas empezaron a entonar los más bellos cantos jamás oídos. Ulises se retorcía desesperado, pero sus gritos fueron inútiles. Los marineros, impasibles, cumplieron sus órdenes. Es más, viendo que se agitaba, aseguraron con fuerza sus ataduras y siguieron remando con energía hasta verse lejos de allí.

Ulises, al dejar de oír aquellas voces, se tranquilizó y, entonces, sus hombres pudieron desatarlo. El peligro había pasado.

- ¿Por qué el canto de las sirenas era peligroso para los navegantes?
- ¿Por qué quería escucharlo Ulises?
- ¿Qué le hubiera pasado si no lo hubieran atado?

10 El episodio de las sirenas, ¿es anterior o posterior al que se relata en el texto inicial de la tarea?

Razona tu respuesta apoyándote en el contenido de los dos textos.

Escribe un comienzo para el episodio de las sirenas relacionándolo con el anterior.

11 De las siguientes características de Ulises, ¿cuál crees que destaca más en el episodio del cíclope? ¿Y en el de las sirenas?

fuerte — ingenioso — curioso — valiente

12 ¿Crees que existieron realmente los personajes de esta historia? ¿Por qué?

13 Di qué otras historias de héroes conoces y cuenta resumidamente alguna.

Por todo el mundo

El español tiene casi 600 millones de hablantes en todo el mundo. La mayoría de ellos viven en el continente americano. El español de América tiene sus peculiaridades, sobre todo en el vocabulario. Así, en casi todo el continente recorrerás una cuadra en lugar de una manzana. En Argentina, esperarás el colectivo en la vereda y no el autobús en la acera. En México, puede que te digan chamaco o chamaca en lugar de niño o niña. Y en Perú, Bolivia y Ecuador no te quitarás el jersey sino la chompa.

También hay peculiaridades en la pronunciación y en la gramática del español de América. Algunos hispanohablantes americanos sesean: es decir, pronuncian una *s* donde hay escrita una *c* o *z*. Otros usan *vos* en lugar de *tú* o *ustedes* en lugar de *vosotros* o *vosotras* y cambian algunas de las formas verbales: *vos tenés*, *ustedes juegan*...

En América hay casi 500 millones de hablantes de español. Además, unos 80 millones de personas lo hablan en el continente europeo y hay varios millones de hispanohablantes en una veintena más de países.

En Estados Unidos, aunque la lengua oficial es el inglés, hablan español casi 60 millones de personas.

En la Unión Europea, sin contar con España, hablan español más de 32 millones de personas.

En algunos países de Asia y de África, como Japón, Israel o Argelia, hay miles de hablantes de español.

Principales países hispanohablantes

- Argentina
- Bolivia
- Chile
- Colombia
- Costa Rica
- Cuba
- Ecuador
- El Salvador
- España
- Guatemala
- Guinea Ecuatorial
- Honduras
- México
- Nicaragua
- Panamá
- Paraguay
- Perú
- Puerto Rico
- República Dominicana
- Uruguay
- Venezuela

1 **Copia en tu cuaderno estas afirmaciones falsas corrigiendo los datos incorrectos.**

- El español es la lengua oficial de Estados Unidos.
- Todos los países donde se habla español utilizan el mismo vocabulario.
- La Unión Europea, incluida España, cuenta con 32 millones de hispanohablantes.
- Israel es un país hispanohablante con millones de hablantes de español.
- En ningún país de África se habla español.
- En Estados Unidos hay casi 600 millones de hablantes de español.

2 **Dibuja un mapamundi y colorea las regiones en las que se encuentran los principales países hispanohablantes.**

Ahora escribe el nombre de algunos países donde creas que el español es lengua oficial.

Busca la información en internet si tienes dudas.

3 **Explica en qué consiste el seseo.**

Ahora contesta.

- ¿Crees que es solo una peculiaridad del español de América? ¿Por qué?
- ¿Sabes qué es el ceceo y dónde hay hablantes que ceceen? Investiga.

4 **Busca en el diccionario digital de la Real Academia Española (dle.rae.es) estos americanismos y explica con tus palabras qué significan y en qué países se usan.**

pulpería	mesero, mesera
payada	papalote

5 **Lee este fragmento y copia las palabras o expresiones que te parecen peculiares del español de América.**

En la sala de ordenadores

–¡Uy! Se apagó la pantalla... ¿Vos tocaste algo, Pati?

–¡Qué decís, nena! Si ni moví un dedo. Ahí viene de nuevo. Era que reinició.

–¿Entonces no era Alt F4?

–*(Desde la sala).* Chicas, miren que en un momento tengo que hacer una llamada...

L. M.ª Pescetti, *Chat Natacha chat*

ESCRITURA

TAREA 1. Escribir un cuento con diálogos

En los cuentos hay un narrador que cuenta los hechos, pero a veces también hablan los personajes. Vas a aprender a escribir un cuento con fragmentos dialogados.

1 Lee este fragmento de un cuento y contesta.

El rey que quería llegar a la Luna

Hace muchísimos años vivía un rey que se pasaba todo el tiempo pensando en cómo podría llegar a la Luna. Un buen día tuvo una idea. Mandó llamar a un carpintero y le ordenó que construyese una torre tan alta que llegase hasta el cielo.

–¿Hasta el cielo? –preguntó el carpintero, sorprendido.

–Sí, hasta el cielo –exclamó el rey–, ¡y ni una palabra más!

¿Qué podía hacer el pobre carpintero? Cogió sus herramientas, llamó a sus obreros, compró la madera y comenzó a tomar medidas. Este trabajo le llevó varias semanas. El rey era muy pero que muy impaciente. Mandó llamar al carpintero y le gritó:

–¡Si no me construyes esta torre en tres días, haré que te encierren!

El pobre carpintero se veía ya en las mazmorras, pero al tercer día tuvo una idea. Fue a ver al rey y le dijo sin miedo

–He analizado el asunto y he descubierto cómo hacerlo. Pero, cuando la torre esté construida, pienso que lo mejor será que yo mismo la escale, porque será una empresa bastante peligrosa.

–Ni lo sueñes –respondió el rey–. Yo mismo la escalaré. ¿A quién se le ocurre que un vulgar carpintero pueda llegar a semejantes alturas? Será mejor que me digas cómo pretendes construir la torre.

GIANNI RODARI
Biblioteca de los cuentos de Gianni Rodari
Ed. Edebé (Adaptación)

- ¿Cuántos personajes hablan en el cuento? ¿Quiénes son?
- ¿Cuántas veces habla cada uno?
- ¿Qué palabras usa el narrador para indicar quién habla?
- ¿Por qué lo sabes?

2 En grupos de tres, volved a leer el fragmento anterior en voz alta.

Un miembro del grupo será el rey, otro el carpintero y otro el narrador. Usad una entonación que refleje el modo de hablar de cada personaje.

Lee el cuarto párrafo e inventa una intervención del carpintero que se podría añadir al cuento.

3 Por parejas, elegid un personaje e inventad un breve diálogo en el que incluyáis el texto de los bocadillos.

4 Copia el diálogo sustituyendo el verbo *decir* por alguno de estos:

- exclamar
- gritar
- preguntar
- insistir
- exigir
- responder
- susurrar
- quejarse
- afirmar
- suplicar

–¡Socorro! ¡Que alguien me ayude! –dijo el marinero.

–¡No temas, te vamos a sacar del agua! –dijo el capitán desde el barco.

–¡Rápido! ¡No sé nadar! –dijo el pobre hombre agitando los brazos.

–¡Ya llegamos, tranquilo! –dijo el capitán.

5 ¿Cómo crees que puede terminar el cuento *El rey que quería llegar a la Luna*? Imagínatelo y escribe un resumen del final que se te ha ocurrido.

6 Escribe el final del cuento. Hazlo siguiendo estos pasos:

- Copia el fragmento inicial del cuento y piensa cómo añadir la continuación que has propuesto en la actividad anterior.
- Decide qué diálogos vas a incluir en el texto que añadas.
- Escribe la continuación y el final del cuento incluyendo los diálogos.

Para mejorar el texto...

- Procura que las palabras de los personajes resulten expresivas.
- Evita repetir el verbo *decir* en los comentarios del narrador.

7 Lee el texto de tu compañero o compañera, dale tu opinión y coméntale qué debe mejorar. Después, podrá corregirlo y guardarlo en el porfolio.

Fíjate en los siguientes aspectos:

- ¿Es adecuada la forma en que continúa la historia? ¿Hay algo que no se entienda o no tenga sentido?
- ¿Queda la historia realmente terminada?
- ¿Los diálogos añadidos respetan las características que tenían los personajes al principio del cuento?
- ¿El texto está escrito sin faltas?

TAREA 2. Escribir una biografía

Las biografías de personajes históricos presentan los hechos más significativos y curiosos de sus vidas. Vas a escribir la biografía de alguien interesante para ti.

1 Lee esta biografía y contesta.

Una intrépida aventurera

La famosa aviadora norteamericana Amelia Earhart nació en Kansas en 1897. Cuando era joven asistió a un espectáculo aéreo y tuvo la oportunidad de volar como pasajera en un avión. Le gustó tanto que decidió empezar a recibir clases de vuelo y, de ese modo, logró convertirse en una experta piloto.

En 1928 el capitán H. H. Railey le propuso cruzar el océano Atlántico en avión. Ella aceptó y un año después se convirtió en la primera mujer que había cruzado el Atlántico como pasajera. Sin embargo, el gran logro de su vida llegó cuatro años después, en 1932, cuando realizó ese mismo trayecto ella sola.

Cinco años más tarde Amelia Earhart decidió batir otro gran récord: dar la vuelta al mundo por una nueva ruta que seguía la línea del ecuador. Pero cuando estaba a punto de lograrlo, casi en la etapa final del viaje, su avión desapareció misteriosamente y nunca más se volvió a saber nada de ella ni del copiloto que la acompañaba.

- ¿De quién es la biografía?
- ¿Qué datos personales de ella se mencionan?
- ¿Qué hechos profesionales se cuentan?
- ¿Aparece alguna anécdota o hecho curioso de su juventud? Cuéntala.

Explica con tus palabras por qué ha pasado este personaje a la historia.

2 Copia todas las expresiones del texto que sirven para indicar el orden en que suceden los acontecimientos.

3 ¿Qué otros aspectos o episodios de la vida de Amelia Earhart crees que podrían aparecer en esta biografía? Haz una lista.

4 **Si tuvieras que completar la biografía de Amelia Earhart, ¿dónde buscarías información? Explica por qué.**

- En periódicos y revistas de actualidad.
- En una enciclopedia.
- En revistas especializadas.
- En internet.

5 **En parejas, buscad información en internet sobre uno de estos personajes y elaborad una ficha biográfica.**

Aseguraos de acudir a páginas web fiables y contrastad la información.

Incluid los siguientes datos:

- En qué fecha y lugar nació.
- Dónde y cuándo murió.
- Hechos importantes de su vida personal.
- Hitos de su trayectoria profesional.

Cristóbal Colón

Marie Curie

Mahatma Gandhi

Escribe un texto en el que presentes a uno de esos personajes y expliques por qué es importante.

Debes recoger los datos que has anotado en la ficha anterior.

6 **Elige un personaje histórico que te parezca interesante para escribir su biografía y di por qué lo has elegido.**

Investiga y anota sus datos personales y los hechos más importantes de su vida.

Anota también otros datos sobre el personaje que añadan interés al texto y no olvides apuntar cuándo ocurrió cada hecho.

7 **Elabora el borrador de la biografía.**

Ordena la información de esta manera:

- Primero presenta al personaje e indica por qué es importante.
- Luego narra los hechos de su vida de manera ordenada. Empieza por los datos personales y explica después otros datos referidos a su profesión o a la actividad en que destaca.

Relee tu borrador para asegurarte de que has seguido un orden cronológico y pásalo a limpio. Luego, guarda el texto en tu porfolio.

Para mejorar el texto...

- Comprueba que la biografía está completa y que no hay grandes saltos de tiempo.
- Usa expresiones como estas para ordenar los hechos: *en su infancia*, *un año después*, *al poco tiempo*...

TAREA 3. Escribir una leyenda

Las leyendas son historias tradicionales que explican el origen de un fenómeno de la naturaleza o de algún elemento del entorno. Vas a escribir tu propia leyenda.

1 Lee la siguiente leyenda y responde a las preguntas.

El origen del lago Titicaca

Hace muchísimos años, en los Andes, existía un valle maravilloso habitado por gentes que vivían felices protegidas por Inti, el dios del sol, y por los Apus, los dioses de las montañas. Los Apus les habían puesto una condición para que conservaran su felicidad: tenían prohibido subir a las cumbres. Si un día intentaban hacerlo, los pumas que las custodiaban se lo impedirían. A cambio esos dioses les prometían regar los campos con abundante agua.

Sin embargo, la curiosidad surgió entre la población del valle y fue creciendo en su interior hasta que un día no pudieron resistir e iniciaron la ascensión para ver cómo eran aquellas cumbres. Los Apus lamentaron el atrevimiento, pero no vacilaron y, para impedírselo, enviaron a sus pumas a darles el escarmiento merecido.

Inti, que observaba la escena desde el cielo sin poder hacer nada, lloró tanto que sus lágrimas terminaron formando un enorme y profundo lago, el lago Titicaca, que esconde las riquezas de aquel pueblo.

LEYENDA INCA

- ¿Qué crees que intenta explicar esta leyenda?
- ¿Cómo lo explica? Cuéntalo brevemente con tus palabras.
- ¿Dónde y cuándo se desarrolla la historia que cuenta?
- ¿Qué personajes intervienen en la leyenda?

2 Piensa en algún fenómeno de la naturaleza o algún elemento de tu entorno sobre el que te gustaría escribir una leyenda e inventa la explicación que darías.

Aquí tienes algunas propuestas:

- Por qué hablan los loros y las cotorras.
- Cómo apareció el arco iris.
- De dónde viene el nombre de tu localidad.
- Por qué los plátanos son amarillos.

3 **Realiza una descripción de los personajes principales que aparecerán en tu leyenda.**

Ten en cuenta que pueden ser personas, animales o cosas personificadas. Sigue estas recomendaciones:

- Incluye en la descripción tanto características físicas (estatura, color de pelo y de ojos...) como algunos rasgos de su personalidad.
- Intenta que cada personaje tenga alguna característica que lo diferencie del resto (una cicatriz, un gesto...).

4 **En una leyenda es muy importante el marco narrativo, es decir, el lugar y el tiempo en los que se desarrolla la acción. Piensa en el marco narrativo de tu leyenda y haz una ficha descriptiva.**

MARCO NARRATIVO
DE LA LEYENDA

Lugar de la acción: ______

Tiempo en que sucede: ______

Tienes que mencionar aspectos como estos:

- Si el lugar en que sucede la acción es urbano o rural, qué clima o vegetación tiene...
- La época en que transcurre la historia y algún detalle especial de ese tiempo. Por ejemplo: *hace millones de años, cuando aún no existía el ser humano...*

5 **Escribe el borrador de la leyenda.**

Organiza la historia de este modo:

- Empieza diciendo dónde y cuándo ocurren los hechos, y quiénes son los protagonistas.
- Luego, explica qué les sucede a los personajes.
- Por último, cuenta el final de la historia y di qué intenta explicar la leyenda.

Para mejorar el texto...

- Escribe diálogos que den viveza a los personajes.
- Usa la imaginación para introducir elementos fantásticos en la historia.

6 **Señala cuáles de estos títulos no te parecen de leyendas y explica por qué.**

- El origen del día y la noche
- El nacimiento de mi prima Rosalinda
- El gigante de la isla del faro
- Un fabuloso viaje

Ahora, inventa un título para tu leyenda.

7 **Lee tu texto y valóralo.**

Fíjate en los siguientes aspectos:

- ¿Se entiende bien el origen del elemento natural que explica la leyenda?
- ¿La historia está bien organizada?
- ¿Los personajes están bien elaborados? ¿Encajan en la historia?
- ¿El relato consigue captar el interés?

Corrige lo que te parezca mejorable, pasa el texto a limpio y guárdalo en tu porfolio.

Puedes ilustrar la historia con un dibujo.

TAREA 4. Hacer un informe

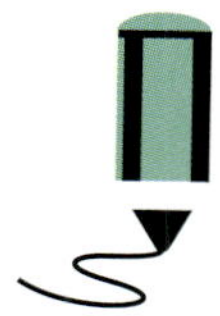

Un informe sirve para exponer los datos y las conclusiones de un trabajo o una investigación. Vas a aprender a elaborar un informe sobre algún tema que te interese.

1 ¿Cuál de estos títulos corresponde a un informe? Di por qué lo sabes.

Tráfico lanza una campaña sobre el uso del cinturón	Resultados de la campaña de Tráfico sobre el uso del cinturón

2 Si hicieras un informe sobre la contaminación ambiental en tu ciudad, ¿cuáles de estos datos incluirías? Cópialos y añade otros que se te ocurran.

- Índices de contaminación.
- Consecuencias de la contaminación.
- Gráfico sobre los tipos de contaminación.
- Posibles soluciones para el problema.
- Tu opinión personal sobre el tema.
- Imágenes de ríos contaminados.

Por parejas, comparad vuestras listas para ver si estáis de acuerdo

3 En grupos, pensad temas de informes que podrían incluir estas imágenes e inventad un título para cada uno.

4 Lee este esquema de un informe y anota otras ideas que se pueden desarrollar.

Introducción:		Desarrollo:		Conclusión:
El acceso al primer móvil se produce a edades cada vez más tempranas.	▶	Edad de inicio ...	▶	Ideas principales y conclusiones

5 **Observa este gráfico de un informe sobre el deporte practicado en un colegio y escribe algunas oraciones explicando la información que ofrece.**

Puedes usar expresiones como *la mayoría*, *casi la mitad*, *la cuarta parte*...

¿Qué deporte practican los niños y niñas de mi colegio?

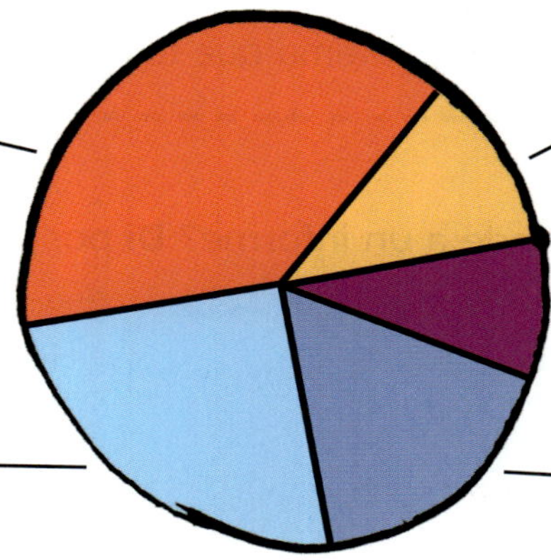

6 **Elige uno de estos temas o piensa otro interesante para elaborar un informe.**

- Las actividades extraescolares.
- Los espacios verdes en las ciudades.

Investiga sobre el tema y anota los datos relevantes.

7 **Elabora el guion del informe.**

Ten en cuenta estas indicaciones:

- Incorpora los datos que has recopilado sobre el tema.
- Decide qué gráficos e ilustraciones vas a incluir.
- Resume las conclusiones que vas a exponer en tu informe.

8 **Haz un borrador de tu informe siguiendo estos pasos:**

- Escribe el título y redacta una introducción para presentar el tema de tu informe.
- Expón la información y los datos obtenidos, e incluye los gráficos y las ilustraciones.
- Redacta las conclusiones a las que has llegado. Puedes hacer también alguna sugerencia.

Para mejorar el texto...

- Haz varios apartados para ordenar la información.
- Presenta tus conclusiones con expresiones como *en resumen*, *para terminar*, *en conclusión*...

9 **Por parejas, intercambiad vuestros borradores y comentadlos para, después, redactar el texto definitivo.**

10 **Haced un fichero con todos los informes de la clase clasificados por temas.**

TAREA 5. Describir un cuadro

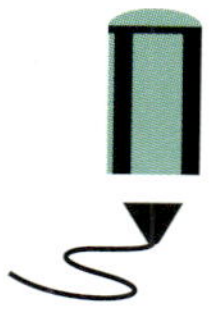

Un cuadro es una obra de arte en la que un pintor o pintora expresa algo con un estilo propio. Vas a aprender a describir un cuadro para explicar qué ves y qué te sugiere.

1 Copia y completa los títulos de los cuadros con estas palabras:

retrato | bodegón | colinas

____ *con melocotones y uvas*, de Pierre-Auguste Renoir.

____ *de Dora Maar*, de Pablo Picasso.

____ *rojas con pedernal, nubes blancas*, de Georgia O'Keeffe.

Ahora contesta.

- ¿Qué se representa en cada cuadro?
- ¿Cuál te parece más detallado?
- ¿Cuál crees que es más alegre?
- ¿Cuál te parece más moderno?
- ¿Cuál te resulta más fácil de copiar?
- ¿Cuál te gusta más? ¿Por qué?

2 Elige uno de los cuadros y preséntaselo brevemente al resto de la clase.

Si lo necesitas, busca información en internet.

3 **Lee y di a cuál de los cuadros de la actividad 1 corresponden estas descripciones:**

En el cuadro destacan los colores luminosos de los objetos en primer plano, en contraste con el tono apagado del fondo.

Si lo miras bien, los objetos no están dibujados con precisión, pero brillan tanto que parece que puedes cogerlos. Es casi como una foto.

Elige otro de los cuadros y explica cómo ves la luz y los colores en él.

4 **Jugad en parejas. Durante un minuto, haced una lista con todo lo que veis en este cuadro de Néstor Martínez.**

Ganará quien escriba la lista más larga.

Ahora contesta.

- ¿Qué hay a la izquierda del cuadro? ¿Y a la derecha?
- ¿En qué parte del cuadro hay mayor cantidad de elementos?
- ¿Por qué a la izquierda las figuras y las casas son mayores que en el centro?
- ¿En qué parte del cuadro aparece el cielo? ¿Y la carretera?

5 **En grupos, ordenad estos apartados de un guion para describir un cuadro.**

- Elementos que aparecen y situación que tienen en el cuadro.
- Opinión y valoración personal.
- Uso de la luz y el color, forma de los objetos...
- Título de la obra, autor o autora y año.

6 **Elige un cuadro de estas páginas u otro que te guste y descríbelo siguiendo estos pasos:**

- Busca los datos para identificar bien el cuadro: título, autor o autora, año...
- Anota todo lo que veas en el cuadro.
- Fíjate en los colores, la luz y otros detalles, y toma también notas sobre esos aspectos.
- Redacta tu descripción y añade tu opinión personal sobre la obra.

Para mejorar el texto...

- Usa expresiones como *al fondo*, *en el centro*, etc.
- Divide el texto en párrafos para organizar tus ideas.

7 **En parejas, intercambiaos las descripciones y comentad si estáis de acuerdo con la valoración que habéis hecho del cuadro.**

Realizad los cambios que consideréis y guardad vuestras descripciones en el porfolio.

TAREA 6. Hacer tu autorretrato

Un autorretrato es la descripción que una persona hace de sí misma. Vas a escribir tu autorretrato dando información sobre tu aspecto y tu forma de ser.

1 **En grupos de cuatro, copiad cada palabra en una hoja y repartidlas.**

Cada uno escribirá un adjetivo para cada palabra y le pasará la hoja al compañero o compañera de la derecha. No podéis repetir adjetivos en la misma hoja.

- cara
- ojos
- nariz
- labios
- pelo

2 **Leed el autorretrato que ha escrito esta niña y, en parejas, pensad cómo podríais mejorarlo.**

Mi autorretrato

Me llamo Marina. Tengo once años. No soy alta. Soy bajita y delgada. Tengo el pelo de color castaño y ondulado. Tengo los ojos negros. Llevo gafas. Tengo la nariz y la boca pequeñas.

Comparad esta versión con la anterior y explicad en qué creéis que ha mejorado.

Mi autorretrato

Me llamo Marina y tengo once años. No soy alta, sino bajita y delgada, como mis hermanas. Tengo el pelo castaño y ondulado. Como ahora lo llevo largo, suelo recogérmelo en una coleta porque es más cómodo, pero también me gusta dejármelo suelto de vez en cuando.

Llevo gafas desde el año pasado. Mucha gente me dice que tengo los ojos muy bonitos. Son muy oscuros, casi negros, y bastante grandes. Se parecen mucho a los de mi padre aunque, en general, me parezco más a mi madre. Las dos tenemos la piel clara, y la nariz y la boca pequeñas.

3 **Explica el significado de estos adjetivos, que se usan habitualmente para describir el carácter de una persona.**

Si tienes dudas, consulta un diccionario.

- sociable
- inquieto
- responsable
- reservado
- comprensivo
- sensible
- fantasioso
- presumido

Escribe dos oraciones que se refieran a tu carácter en las que utilices alguno de los adjetivos de la lista.

4 Continúa y escribe oraciones sobre ti.

- Mis ojos son...
- Todos los días uso...
- Dicen que me parezco a...
- Soy generoso porque...
- Tengo...
- Me gusta sonreír...

5 Ponte en su lugar y escribe oraciones para describir sus rasgos físicos y de carácter.

Hazlo en primera persona e incluye alguna valoración personal o alguna comparación.

6 Si tuvieras que escribir tu autorretrato, ¿lo harías igual para cada situación? Explica por qué.

- Para participar en un concurso de redacción del colegio.
- Para escribirte con alguien de tu edad de otra ciudad o país.

7 Imagina que vas a pasar unos días en otro colegio por un intercambio. Escribe tu autorretrato para presentarte.

Hazlo así:

- Empieza describiendo tu aspecto físico en general y añade los rasgos que quieras destacar.
- Explica cómo es tu carácter y di cuáles son tus principales cualidades.
- Añade información sobre tus gustos y aficiones que ayude a conocerte mejor.

Para mejorar el texto...

- No repitas palabras ni utilices siempre la misma estructura.
- Incluye alguna valoración o la opinión de otra persona.

8 Lee el texto de tu compañero o compañera, valóralo con estas preguntas y coméntale lo que piensas de su autorretrato.

- ¿Ha escrito una descripción suficientemente detallada?
- ¿Su descripción está bien organizada?
- ¿Mejorarías algún aspecto? ¿Cuál?
- ¿Crees que servirá para darse a conocer mejor?
- ¿Has descubierto algo que tú no sabías?
- ¿Crees que es un buen autorretrato?

Realiza los cambios necesarios para mejorar tu autorretrato y guárdalo en tu porfolio.

TAREA 7. Describir subjetivamente

Cuando alguien hace una descripción subjetiva, da una visión personal de lo que ve. Vas a aprender a describir subjetivamente un paisaje para transmitir las sensaciones que te provoca.

1 **Observa la fotografía, lee las dos descripciones y contesta.**

Al fondo a la derecha hay una montaña de piedra blanca y gris. Delante de la montaña hay un lago y a la orilla del lago se ve un prado y una vaca pastando.

El paisaje es muy apacible. En el centro, un hermoso lago de aguas transparentes refleja la majestuosa montaña de roca desnuda. Delante, una vaca pace tranquilamente.

- ¿Dónde se encuentra la montaña en la imagen? ¿Y la vaca?
- ¿Qué se dice del lago en la primera descripción? ¿Y en la segunda?
- ¿En cuál de las dos descripciones se da una visión personal de lo que se ve? ¿Por qué lo sabes?
- ¿Cuál es, entonces, la descripción subjetiva?

2 **Lee la siguiente descripción objetiva y conviértela en una descripción subjetiva.**

Mi amigo Juan

Mi amigo Juan es bajo y delgado. Tiene el pelo castaño y rizado. Sus ojos son oscuros, tiene una nariz pequeña y una boca grande. Es generoso y casi siempre está sonriendo. Le gusta ir al campo los fines de semana y jugar al fútbol. Es portero.

Para hacer una descripción subjetiva ten en cuenta lo siguiente:

- Imagina que Juan es tu amigo y cuenta cómo lo ves tú.
- Descríbelo usando comparaciones. Por ejemplo: *Su nariz es pequeña como la de un duende.*

3 **Elige en cada caso el adjetivo más adecuado para describir subjetivamente.**

un árbol	un río	una silla	a un amigo
frondoso	navegable	cómoda	alto
precioso	extenso	plegable	simpático
alto	peligroso	blanca	rubio

4 **Elige una de estas imágenes y obsérvala atentamente para describirla. Después, anota lo que aparece en ella, indicando en qué parte está cada elemento.**

5 **Redacta la descripción subjetiva de la imagen elegida.**

Haz la descripción teniendo en cuenta lo siguiente:

- Antes de escribir, piensa cómo vas a organizar la información.
- Empieza dando una visión general de la imagen.
- Selecciona los elementos de la imagen que vas a destacar y di las sensaciones que te provocan.
- Utiliza adjetivos que expresen una valoración personal, como *bonita*, *feo*, *agradable*, *desoladora*, *majestuoso*, *sorprendente*, *inesperado*…

Para mejorar el texto…

- Puedes imaginar qué sonidos y olores hay en el paisaje y mencionarlos en tu descripción.
- Utiliza alguna metáfora o alguna comparación.

6 **Leed en clase las descripciones de una misma imagen y comentad las diferencias.**

Luego, guardad vuestras descripciones en el porfolio.

TAREA 8. Escribir un reportaje

Un reportaje es un artículo periodístico que trata un tema en profundidad. Vas a aprender a escribir un reportaje para dar información sobre un tema que te parezca interesante.

1 Indica qué textos crees que son titulares de noticias y cuáles títulos de reportajes.

- Atascos generalizados en el último día de vacaciones
- Un día en la vida de un jardinero municipal
- *El fantástico viaje migratorio de las cigüeñas*
- El Ayuntamiento concluye las obras del parque infantil de La Ribera

2 Los reportajes incluyen informaciones y opiniones que aportan otras personas. ¿Quién crees que podría darte información sobre los problemas de tráfico en las grandes ciudades? Elige y justifica tu respuesta.

- un bombero
- una profesora
- tu abuela
- el alcalde
- una amiga
- un guardia de tráfico
- unos conductores
- los peatones

3 Proponed en clase los temas sobre los que creéis que tratan los reportajes ilustrados con estas fotografías:

¿Qué títulos se os ocurren para esos reportajes? Anotadlos en la pizarra y votad el que más os gusta.

4 ¿Sobre qué te gustaría escribir un reportaje? Explica por qué eliges ese tema.

Si no se te ocurre nada, aquí tienes algunas propuestas:

- Los Juegos Olímpicos.
- Las vacaciones de verano.
- El deporte profesional.
- Los drones.
- Los videojuegos.
- Las bicicletas.
- La música actual.
- La comida rápida.
- La realidad aumentada.

5 Busca información en internet sobre el tema elegido y haz un resumen de los datos que has encontrado.

6 Piensa en una persona que pueda proporcionarte información sobre ese tema y hazle una entrevista.

Prepara la entrevista de la siguiente manera:

- Escribe preguntas que te ayuden a obtener información sobre el tema del reportaje.
- Organiza las preguntas para que la persona entrevistada pueda responder con más facilidad.
- Cuando estés haciendo la entrevista, toma nota de las respuestas. Puedes ayudarte de una grabadora y transcribir la entrevista después.

7 Ahora que tienes más información, ¿qué opinas sobre el tema de tu reportaje? Escribe tus opiniones para añadirlas después a la información.

8 Redacta el borrador del reportaje y busca un título atractivo.

Hazlo de la siguiente manera:

- Empieza con una entrada, en la que presentes el tema del reportaje.
- Sigue con el cuerpo del reportaje, en el que incluyas la información recogida, las opiniones de la persona entrevistada y las tuyas.
- Cierra el reportaje con una conclusión en la que resumas la información que has dado.

Para mejorar el texto...

- Intenta que la entrada atrape a quien lo lea con alguna idea o anécdota curiosa sobre el tema.
- Divide el texto en apartados, para organizar la información.

Una vez que hayas elaborado el texto, busca imágenes para ilustrarlo.

También puedes hacer tú fotografías e incluirlas.

9 Lee el texto completo, corrige los errores y guárdalo en tu porfolio.

Fíjate en los siguientes aspectos:

- Si lo que quieres explicar se entiende.
- Si falta o sobra información.
- Si las frases están bien construidas.
- Si hay faltas de ortografía.

10 Recopilad los reportajes que habéis escrito para publicarlos en un blog.

Podéis repartiros el trabajo en equipos de cuatro o cinco personas.

- Un equipo decidirá el orden en que aparecerán los reportajes.
- Otro equipo volcará los textos y las imágenes en el blog.
- Un tercer equipo comprobará que los reportajes están completos.
- Por último, un equipo elaborará carteles y se ocupará de promocionar el blog.

TAREA 9. Escribir una obra de teatro

En el teatro se cuenta una historia a través del diálogo de los personajes. Vas a aprender a escribir una obra teatral para contar una historia que pueda ser representada.

1 Inventa lo que dice cada personaje a partir de las indicaciones.

LOBO ▶ Se lamenta porque tiene mucha hambre.

PERRO ▶ Saluda al lobo sin darse cuenta de sus intenciones.

LOBO ▶ Amenaza al perro con devorarlo.

PERRO ▶ Convence al lobo para que espere quince días, porque tiene un banquete en el que comerá mucho y engordará.

LOBO ▶ Acepta la propuesta del perro y se va relamiéndose.

PERRO ▶ Se alegra porque, esta vez, se ha salvado del lobo.

2 Copia y añade las acotaciones que expresan el modo en que tienen que decir sus palabras los personajes.

ALEJANDRO. *(Sonriendo)*. ¿Me prestas tu calculadora?

ROBERTO. *(Serio)*. No, lo siento.

ALEJANDRO. ¿Por qué?

ROBERTO. Porque ayer te pedí la regla y no me la dejaste.

ALEJANDRO. ¡Pero es que la estaba utilizando! Cuando terminé, te la ofrecí y no la quisiste.

PROFESORA. Chicos, tenéis que compartir el material.

ROBERTO. Está bieeeen. Toma, Alejandro.

ALEJANDRO. Gracias. Eres un buen amigo.

3 Elige una de estas escenas y describe lo que ves en ella.

4 **Elige una de las escenas de la actividad anterior e inventa una historia que se desarrolle en ella para escribir tu obra teatral. Luego cuenta de qué trata la historia.**

Ten en cuenta que las obras de teatro se basan en los diálogos, así que en tu historia tiene que haber personajes que hablen.

5 **Elabora una ficha sobre cada uno de los personajes que van a aparecer en tu obra.**

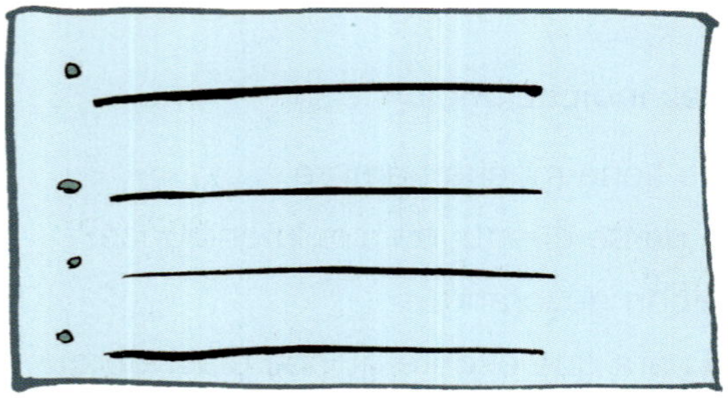

Haz un boceto del personaje y escribe en la ficha los siguientes datos:

- Nombre.
- Edad.
- Ocupación.
- Forma de vestir.

Añade también alguna característica que distinga a cada personaje del resto. Por ejemplo: *lleva barba, gesticula mucho, está siempre de buen humor...*

6 **Las obras de teatro se dividen en partes denominadas actos. Organiza tu historia en tres actos y explica con detalle qué va a pasar en cada uno.**

Ten en cuenta lo siguiente:

- En el primer acto se presenta a los personajes y se exponen los hechos que dan origen a la historia.
- En el segundo acto se desarrolla lo más importante de la acción.
- El tercer acto contiene el desenlace de la historia.

7 **Escribe la obra de teatro.**

Recuerda que tienes que indicar...

- El inicio de cada acto con estos títulos: *Primer acto*, *Segundo acto*, *Tercer acto*.
- El nombre de los personajes en mayúscula.
- Las acotaciones que consideres entre paréntesis.
- Lo que dice cada personaje.

Para mejorar el texto...

- Indica en las acotaciones los gestos y movimientos que hay que hacer en la representación.
- Utiliza el lenguaje adecuado para cada personaje.

8 **Leed en clase algunas de vuestras obras teatrales entre tantas personas como personajes haya y votad la que más os guste. Luego, guardadlas en vuestros porfolios.**

¿Cuál ha sido la obra que más te ha gustado a ti? ¿Por qué?

9 **Si tuvieras que representar tu obra en un escenario, ¿qué papel te gustaría interpretar?**

Explica cómo sería tu vestuario.

TAREA 10. Redactar las bases de un concurso

Las bases de un concurso son las normas que hay que cumplir para participar en él. Vas a redactar las bases de un concurso para incluirlas en un cartel anunciándolo.

1 **¿Alguna vez has participado en un concurso? Cuéntalo en voz alta.**

¿De qué era el concurso?

¿Cuáles eran las normas?

¿Cuál era el premio?

¿Qué tal lo hiciste?

2 **Busca en un diccionario el significado de estas palabras y, sin copiarlo, escribe tú una definición sencilla.**

Si el diccionario da varias definiciones, elige la relacionada con los concursos.

- jurado
- requisito
- plazo
- convocar
- inscribirse

3 **Lee este fragmento de las bases de un concurso y contesta.**

El concurso tendrá como tema **Un mundo mejor**.

Las obras se realizarán sobre papel o cartulina. La técnica será libre.

En ningún caso se admitirán trabajos copiados. Todas las obras deberán ser originales y no podrán haber sido realizadas con la ayuda de personas adultas.

- ¿Qué tipo de concurso crees que es?
- ¿Te gusta el tema propuesto? Explica por qué.
- Si presentaras un trabajo al concurso, ¿qué técnica elegirías?
- ¿Es un concurso para personas mayores? ¿Cómo lo sabes?
- ¿Sobre cuál de estos aspectos del concurso se da información en el texto?

Inscripción

Requisitos de las obras

Categorías y premios

Piensa en dos premios adecuados para este concurso y redacta el párrafo correspondiente al apartado Categorías y premios de las bases.

4 **Describe el trabajo que harías si participaras en el concurso cuyas bases se exponen en la actividad anterior.**

Ten en cuenta el tema propuesto.

5 Inventa un título original para cada tipo de concurso.

Concurso de fotografía	Concurso de cuentos	Concurso de inventos
Concurso de manualidades	Concurso de cocina	Concurso de rap

Elige uno de esos concursos y haz una lista con la información que debería aparecer en sus bases. Por ejemplo:

- Cuándo y dónde se celebrará el concurso.
- Edad de los participantes.
- Relación de premios.

Puedes buscar en internet ejemplos de bases de concursos similares y fijarte en qué información incluyen para completar tu lista.

6 Completa estas oraciones para las bases de un concurso de pintura:

- Podrán presentarse...
- Para inscribirse, los participantes deberán...
- El plazo de entrega de los trabajos...
- Se valorará especialmente...
- Se otorgarán dos premios, que consistirán en...
- El jurado estará compuesto por...

7 Elige un tipo de concurso que te gustaría hacer en el colegio y escribe el tema.

Sé original para intentar atraer participantes.

8 Redacta las bases del concurso siguiendo estos pasos:

- Haz una lista con la información que vas a incluir.
- Decide y ordena los apartados en los que vas a organizar la información.
- Redacta el texto.
- Revisa tu escrito para comprobar que no falta ningún dato.

Para mejorar el texto...

- Separa las normas que se deben seguir en líneas independientes.
- Incluye alguna frase para animar a participar.

9 Lee las bases de tu compañero o compañera y comprueba si incluye estas informaciones:

- Quién puede concursar.
- Dónde hay que inscribirse.
- Cuál es el plazo límite de entrega.
- Cuál es el premio.

10 Diseña un cartel para difundir las bases de tu concurso.

Incluye alguna imagen para hacerlo más atractivo.

TAREA 11. Escribir un artículo de opinión

Un artículo de opinión es un texto periodístico en el que alguien expone lo que piensa sobre un tema de actualidad. Vas a escribir un artículo para exponer tus opiniones sobre un tema.

1 Identifica la noticia, la opinión y los argumentos que aparecen en este artículo.

Una mala noticia para el barrio

El Ayuntamiento ha decidido cerrar el polideportivo del Barrio Alto. Es una mala decisión porque allí hacían deporte cientos de personas que ahora no tendrán dónde practicarlo. La piscina más cercana, por ejemplo, está a más de media hora en transporte público. Además, los equipos de fútbol sala y baloncesto del distrito se quedan sin pistas. Actualmente están en los puestos tercero y segundo de la clasificación, respectivamente, pero quién sabe cómo acabarán la temporada, si no pueden entrenar.

2 Leed este artículo y opinad sobre él en grupo respondiendo a las preguntas.

Lo importante no es ganar

El Margatania es un equipo de fútbol de niños y niñas que el año pasado acabó la temporada con un gol a favor y 271 en contra. Sin embargo, nunca se van de mal humor a casa porque juegan, disfrutan y aprenden a respetar tanto al adversario como a los miembros de su equipo. «Si no metemos gol, nos da igual, porque lo pasamos bien», afirma uno de los jugadores.

- ¿De qué trata el artículo?
- ¿Os resulta interesante lo que cuenta?
- ¿Creéis que el título es apropiado para lo que se cuenta? ¿Por qué?
- ¿Qué os parece la actitud del equipo ante las derrotas?
- ¿Os comportaríais igual si os encontrarais en la misma situación?
- ¿Qué consideráis más importante en una competición: ganar o participar? ¿Por qué?

Escribe la continuación del artículo añadiendo tu opinión sobre el tema.

Recuerda que debes justificar tus opiniones.

3 ¿Cuáles de las siguientes opiniones crees que no están bien argumentadas? Explícalo.

- ¡Qué película más mala! ¡Me quedé dormida!
- La película fracasa porque es demasiado lenta para ser de aventuras.
- La ampliación de la flota de autobuses es positiva porque mejorará el servicio.
- Es bueno que haya más autobuses porque me gustan mucho.

4 Elige un tema para tu artículo de opinión.

Puede ser alguno de estos:

- Los libros digitales.
- El cambio climático.
- Las golosinas.
- El turismo espacial.
- Las actividades extraescolares.
- Las ONG.

Explica por qué has elegido ese tema y qué conoces de él antes de buscar información.

5 Documéntate sobre el tema elegido y anota la información importante para luego incluirla en el artículo.

Busca información en internet o en la prensa.

6 ¿Qué opinas del tema después de haberte documentado sobre él? Piensa en los argumentos que reforzarán tus opiniones. Luego rellena una ficha como esta:

7 Escribe el borrador del artículo de opinión.

Ten en cuenta lo siguiente:

- Expón primero los hechos o el tema del que va a tratar.
- Explica luego lo que opinas y los argumentos en los que te apoyas con la máxima claridad posible.
- Cierra el artículo con una conclusión que resuma su contenido.
- Ponle un título relacionado con el tema que resulte atractivo.

Para mejorar el texto...

- Intenta exponer tus ideas de manera clara y concisa.
- Utiliza expresiones como *pienso* o *desde mi punto de vista* para exponer tu opinión.
- Usa adjetivos como *bueno*, *útil*, *necesario*, *negativo*, *perjudicial*... para expresar tus valoraciones.

8 Revisa el borrador con cuidado, corrige los errores y pásalo a limpio. Después, guárdalo en tu porfolio.

9 Por parejas, representad una entrevista de radio sobre vuestros artículos de opinión.

Decidid quién empezará haciendo las preguntas sobre el artículo del otro. Después intercambiaréis los papeles.

TAREA 12. Difundir un acto

Para que un acto tenga público, es necesario darlo a conocer adecuadamente. Vas a aprender a elaborar materiales atractivos para difundir un acto.

1 Observa el siguiente texto y contesta.

II concurso de cuentos
del colegio Miguel de Cervantes
Ceremonia de entrega de premios

Lugar: salón de actos del colegio
Día y hora: miércoles 23 de abril a las 17:00 horas

Programa
17:00 Discurso de la directora del centro
17:15 Lectura de los cuentos finalistas
17:45 Fallo del jurado y entrega de premios
18:00 Concierto del Cuarteto Cervantes. *Divertimento*, KV 136, de W. A. Mozart

¡No faltes!

- ¿Qué acto se difunde?
- ¿Qué información del acto aparece en el anuncio?
- ¿Te parece que falta o sobra algo en él?
- ¿Crees que es el medio adecuado para que los alumnos y alumnas se enteren del acto?
- ¿Se te ocurre alguna otra manera para difundir este acto y que asista el mayor número de personas?

2 Formad grupos y elegid un acto para difundir.

Acto científico
- Charla sobre mamíferos marinos.
- Taller de experimentos químicos.

Acto cultural
- Función teatral de fin de curso.
- Inauguración de una exposición.

Acto deportivo
- Torneo navideño de baloncesto.
- Final de la liga escolar de hockey.

Acto solidario
- Carrera popular para recaudar fondos.
- Reunión de voluntarios para limpiar el bosque.

3 Planificad el acto y anotad las decisiones que toméis sobre los siguientes aspectos:

- En qué consistirá el acto.
- Fecha, hora y lugar de la celebración.
- Personas a las que les puede interesar.
- Cómo llegar a esas personas (con folletos, carteles, anuncios de radio…).

4 Pensad en el diseño de los distintos formatos para la difusión del acto y haced un boceto de cada uno.

Para los bocetos debéis tener en cuenta lo siguiente:

- Dónde y cómo pondréis la información del acto.
- Qué imágenes incluiréis en los formatos que deban llevarlas y dónde las colocaréis.

Tenéis que elaborar al menos una muestra de cada uno de los siguientes materiales:

- Un cartel para colocar en tablones o lugares visibles.
- Un anuncio escrito para difundir en folletos, prensa...
- Un anuncio para transmitir oralmente (de radio, de televisión...).
- Un correo electrónico que se pueda enviar directamente a las personas interesadas.

5 Inventad un eslogan que atraiga al público.

El eslogan debe ser breve y sencillo. Además, tiene que ser original y atractivo.

6 Repartíos los distintos formatos entre los miembros del grupo. Cada uno elaborará el material que le haya correspondido.

Ten en cuenta estas indicaciones:

- Procura que la información más importante aparezca en un lugar destacado.
- Pon el eslogan en el lugar más adecuado al material que estás elaborando (en grande en un cartel, al final en un anuncio de radio...).
- Incluye imágenes en los textos que se difundirán en papel.

Para mejorar el texto...

- Destaca en negrita o con color la información esencial.
- Emplea un lenguaje expresivo; puedes usar exclamaciones y dirigirte personalmente al público.

7 Presentad oralmente la campaña de difusión en clase.

Hacedlo de la siguiente manera:

- Primero, contad cuál es el objetivo de la campaña y a quién se dirige.
- En segundo lugar, exponed los materiales que habéis elaborado y explicádselos al resto de la clase.
- Podéis cerrar la presentación diciendo por qué creéis que la campaña tendrá éxito.

Preguntad a vuestros compañeros y compañeras si han entendido la información y si les ha interesado el acto, y anotad sus comentarios.

TAREA 13. Elaborar un programa de fiestas

En un programa de fiestas se detallan los actos que se van a celebrar. Vas a elaborar el programa de las fiestas de fin de curso para presentárselo a la dirección de tu colegio.

1 Escribe un breve texto sobre las fiestas más importantes de la localidad donde vives.

Investiga sobre ellas si lo necesitas e incluye la siguiente información:

- Qué fiestas son.
- En qué fecha se celebran.
- Cuál es su origen.
- Cómo se celebraban antiguamente.
- Cómo se celebran en la actualidad.

2 En grupos, fijaos en este programa de fiestas y contestad.

FIESTAS DEL BARRIO

Jueves 7

18:00 h Pregón inaugural.

19:00 h Teatro. Representación de *Un día de verano*, de Ernestina Roldán, por la compañía Molière.

22:00 h Concierto de la banda sinfónica municipal.

00:00 h Fuegos artificiales.

Viernes 8

10:00 h Carrera por el barrio.

13:00 h Concurso de paellas.

16:00 h Entretenimiento musical con la actuación de la Jazz Band.

17:30 h Carnaval infantil.

20:00 h Concurso de baile.

22:00 h Verbena popular para todos los públicos.

- ¿Cuántas actividades musicales hay programadas?
- ¿Hay actividades pensadas para niños y niñas de distintas edades?
- ¿Creéis que las actividades son suficientemente variadas?
- ¿Cuál os parece más original?

¿Cómo se podría mejorar ese programa? Proponed un cambio.

3 Imagina que vas a organizar las fiestas del Día Mundial de la Diversidad Cultural. Anota cuáles de estas actividades te parecen más adecuadas para ese día.

- Un concurso de bailes tradicionales.
- Una representación de títeres.
- Una verbena.
- Un baile de disfraces.
- Un espectáculo de fuegos artificiales.
- Un torneo de pádel.
- Una degustación de platos típicos.
- Un concurso de dibujo.
- Una feria de artesanía.

En grupos, comentad vuestra selección de actividades.

4 Inventa actividades para una fiesta de fin de curso:

Escribe al menos dos de cada clase y sé original para no repetir ninguna.

- Una actividad para todos los alumnos y alumnas.
- Una actividad en la que participen las familias.
- Un espectáculo infantil.
- Algún juego o competición que pueda realizarse en el patio.

Anota la información que tienes que dar para cada una: si hace falta llevar algo, quién la dirigirá...

5 Busca en internet imágenes de programas de fiestas. Después, decide qué formato emplearás para hacer tu programa para las fiestas del colegio.

Piensa si prefieres hacer un cartel, un díptico, una presentación digital...

6 Redacta el programa de las fiestas de fin de curso siguiendo estos pasos. Luego, guárdalo en tu porfolio.

- Pon el motivo de la fiesta con letra grande y vistosa.
- Redacta el programa de actividades, teniendo en cuenta a qué hora y en qué lugar se celebrará cada una.
- Añade fotografías o dibujos para que el programa sea vistoso y atractivo.

Para mejorar el texto...

- Asegúrate de ordenar las actividades correctamente.
- Deja espacio entre las actividades para facilitar la lectura.

7 Votad y seleccionad los dos programas favoritos.

8 Entre todos, escribid una carta para presentar vuestros programas a la dirección del colegio y pedir su aprobación.

TAREA 14. Escribir el guion de un cortometraje

Todas las historias contadas con imágenes tienen un guion. Vas a aprender a escribir un guion que te servirá para grabar tu propio cortometraje.

1 **Lee el guion de esta secuencia de *La clase*, película del director Laurent Cantet, y contesta.**

INTERIOR. Clase. Día.

RABAH camina entre los pupitres y finge tropezarse y caer al suelo. Toda la clase se ríe y se forma revuelo. El PROFESOR pide calma. ESMERALDA levanta la mano.

ESMERALDA

Profesor. Profesor. Profesor. ¿Por qué el imperfecto de indicativo? ¿Por qué no solo imperfecto?

PROFESOR

Buena pregunta, Esmeralda. ¿Por qué hablamos del indicativo?

ESMERALDA

Si yo lo supiese, no estaría preguntando.

PROFESOR

Sí, tienes razón. Si decimos imperfecto del indicativo, es para distinguirlo del otro imperfecto. ¿Qué imperfecto es ese? (AGAM levanta la mano). Agam.

AGAM

Es el imperfecto de subjuntivo.

PROFESOR

Exactamente. El imperfecto de subjuntivo. Muy bien.

Encabezado · Descripción · Personaje · Diálogo · Acotación

- ¿Qué información sobre la secuencia aparece en el encabezado?
- ¿Qué personajes hablan?
- ¿Por qué crees que los diálogos están más a la derecha que la descripción?
- ¿Para qué sirve la acotación?
- ¿Qué otros personajes aparecen?

2 **Piensa en una historia para un cortometraje siguiendo estas indicaciones:**

- Debes pensar en una historia que se pueda representar en menos de cinco minutos.
- No inventes un argumento demasiado complicado.
- Toma nota de los siguientes aspectos:
  - Qué personajes van a aparecer.
  - Dónde se va a desarrollar la acción.
  - Qué va a suceder.

3 **Escribe el resumen de la historia que vas a contar en tu cortometraje.**

Debes explicar en tres o cuatro líneas de qué tratará.

4 Comentad en clase y escribid en la pizarra.

- ¿En qué se parecen y en qué se diferencian una película y una obra de teatro?
- ¿Qué diferencias hay entre un guion de cine y un texto teatral?

5 Escribe el guion novelado de tu corto.

El guion novelado es la narración de la película como si fuera un cuento, con un narrador que cuenta la historia y lo que dicen los personajes.

6 Observa los siguientes escenarios y escribe el encabezado que tendrían sus secuencias correspondientes en el guion.

Tienes que indicar lo siguiente:

- Si es interior o exterior.
- El nombre del escenario (*dormitorio*, *bosque*, *colegio*...).
- Si es de día o de noche.

7 Elabora el guion de tu cortometraje.

Divide el guion en secuencias (una para cada escenario) y organiza así el texto:

- Pon el encabezado al principio de cada secuencia.
- Coloca la descripción alineada a la izquierda.
- Escribe el nombre de los personajes y lo que dice cada uno hacia la mitad de página.

Para mejorar el texto...

- Imagínate los movimientos de los personajes y explícalos con todo detalle en la descripción.
- Escribe diálogos breves y verosímiles.

8 Formad equipos, elegid el guion que más os guste y grabadlo con una cámara o con un teléfono móvil.

Debéis elegir...

- al director o directora
- a los cámaras
- a los actores
- a los responsables de decorados

Cuando hayáis terminado vuestros cortometrajes, organizad un cinefórum para verlos y opinar sobre ellos.

TAREA 15. Participar en un blog

Un blog es una página web en la que periódicamente se cuelga información sobre algún tema de interés. Vas a aprender a escribir una entrada para un blog.

1 En grupos, comentad vuestras respuestas a estas preguntas:

- ¿Para qué pensáis que sirve un blog?
- ¿Alguna vez habéis leído un blog? ¿Sobre qué trataba?

2 Lee los nombres de estos blogs y explica de qué tema puede tratar cada uno.

En parejas, inventad los nombres de dos blogs. Luego, jugad en clase a adivinar de qué tema tratará cada uno.

Sed creativos e inventad nombres originales.

3 Si tuvieras que elegir un tema para hacer tu propio blog, ¿cuál preferirías? Explica por qué.

Puedes elegir uno de estos o proponer otro que te interese más.

- cocina
- música
- libros
- viajes
- mascotas
- manualidades
- experimentos científicos
- cine y televisión

4 Lee estas sugerencias para publicar comentarios en un blog. ¿Con cuáles estás de acuerdo?

- Hay que ajustarse al tema del blog.
- No se pueden expresar opiniones contrarias a las de otras personas.
- Hay que usar un tono respetuoso al referirse a otras entradas del blog.
- No hay que cuidar la manera de escribir.
- Conviene leer antes los comentarios previos para no repetirse.
- No se deben compartir datos ni información personal.

Explica por qué las otras sugerencias no te parecen adecuadas.

5 Lee este comentario que ha escrito un lector y respóndele como si el blog fuera tuyo.

Mario López 05/08/2018, 18:30

Siempre leo tu blog de libros y quería decirte que la entrada sobre *Matilda*, el libro de Roald Dahl, me ha encantado. Me ha apetecido mucho leer la novela. Pero me habría gustado saber más sobre el autor. ¿Podrías incluir esa información a partir de ahora? Y otra cosa: ¿sobre qué otro libro vas a hablar? Ya estoy esperando tu próxima entrada.

6 Lee la entrada de este blog y contesta.

El blog de sexto

Quiero daros la bienvenida a este blog y deciros que me gustaría que os animarais a participar y a compartir todo lo que penséis que puede ser útil para la clase. Yo os iré proponiendo juegos y actividades para ayudaros a repasar de forma divertida, pero me encantaría escuchar o, más bien, leer vuestras opiniones y sugerencias para ir mejorando el blog a lo largo del curso.

Para empezar, os animo a que expliquéis qué libro recomendaríais a los demás y por qué. No olvidéis indicar el título y el autor o autora del libro.

- ¿De qué tipo de blog se trata?
- ¿Quién puede haberlo escrito?
- ¿A quiénes crees que está dirigido?
- ¿Te parece útil este blog? ¿Por qué?

7 En pequeños grupos, haced una lista de temas y sugerencias para tratar en un blog de la clase de Lengua.

Recordad que el contenido debe ser útil y divertido e intentad ser originales. Podéis proponer poemas, relatos, reseñas, actividades...

8 Redacta una entrada para un blog de la clase de Lengua siguiendo estos pasos:

- Comienza explicando de qué va a tratar tu entrada.
- Expón con claridad lo que quieres contar.
- Termina la entrada animando a los demás a que hagan comentarios.

Para mejorar el texto...

- Dirígete a los lectores y lectoras en segunda persona.
- Emplea frases y párrafos cortos para facilitar la lectura.

9 Leed todas las entradas en voz alta y participad aportando algo que se os ocurra que se puede añadir.

TAREA 16. Hacer un cartel

A veces es necesario convencer a otras personas para que actúen de una determinada manera. Vas a diseñar un cartel para intentar que otras personas participen en una acción solidaria.

1 **Fíjate en estos carteles y contesta sobre cada uno.**

- ¿Cuál es el objetivo de cada cartel?
- ¿A quiénes se dirigen?
- ¿Cuál es el eslogan de cada uno?
- ¿Qué cartel prefieres? ¿Por qué?

2 **Elige un cartel de la actividad anterior y explica qué dirías tú para convencer a las personas que lo vean.**

Piensa qué añadirías, qué otro eslogan pondrías, qué otras imágenes incluirías...

3 **¿Cuál de estas oraciones se podría incluir en el primer cartel? ¿Y en el segundo? Cópialas.**

Recoge los excrementos de tu perro para mantener limpia tu ciudad.	El vecindario se queja de los ladridos de los perros.
Usa la bicicleta o el transporte público siempre que puedas.	Juega con tu mascota y trátala con el cariño y respeto que merece.

4 ¿Sobre qué acción solidaria te gustaría hacer un cartel? Explica por qué.

- Conseguir comida para el banco de alimentos del barrio.
- Participar en talleres de formación artística para jóvenes.
- Limpiar los bosques para evitar incendios forestales.
- Colaborar en acciones de promoción de la lectura.

5 Piensa en un eslogan sobre el tema que has elegido.

Ten en cuenta lo siguiente:

- El eslogan puede tener una o dos frases.
- Tiene que resumir la finalidad de la campaña.
- Debe animar a la gente a participar.
- Podrás utilizar el eslogan como título de tu cartel.

6 Toma nota de los datos que se pueden incluir en el cartel para informar sobre el tema y convencer a quienes lo lean.

No olvides incluir datos prácticos: dónde, cuándo y cómo colaborar, en qué página web o número de teléfono obtener más información...

7 Diseña un boceto del cartel.

Decide los siguientes aspectos:

- Qué tamaño va a tener el cartel.
- Dónde vas a colocar el título o el eslogan.
- Cómo vas a organizar la información.
- Qué espacio vas a dejar para dibujos o fotografías que lo ilustren.

8 Redacta la información del cartel.

Hazlo así:

- Coge la cartulina que te va a servir de soporte y organiza la información a partir del boceto que has diseñado.
- Diferencia claramente el título, la información y los datos prácticos que des y el eslogan que has elegido.

Para mejorar el texto...

- Escribe exclamaciones y preguntas para que quien lo lea se sienta atraído por el cartel.
- Intenta explicar tu mensaje con la mayor claridad posible.

Cuando hayas terminado, revisa los textos para corregir los posibles errores y selecciona las fotografías o los dibujos que vas a incluir en el cartel para ilustrarlo.

9 Comentad en clase dónde sería adecuado exponer los carteles y a quién debéis pedir permiso para hacerlo.

TAREA 17. Analizar un tema

Analizar un tema sirve para comprenderlo mejor. Vas a aprender a hacer un análisis, para valorar las ventajas, problemas, aspectos positivos... de un tema concreto.

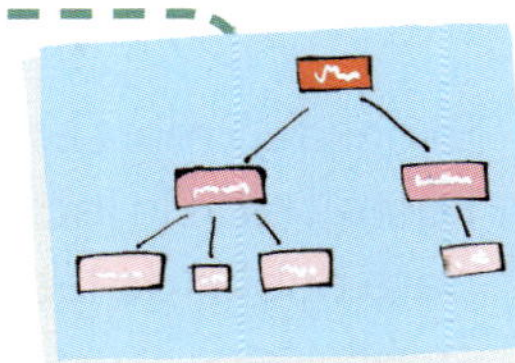

1 Lee la siguiente carta y contesta.

Estimada alumna:

Gracias por tu carta, en la que expones la situación que se produce en la hora de actividades extraescolares.

En ella planteabas el problema de que las clases de guitarra eléctrica se den en el aula contigua a la biblioteca. Según nos indicas, el elevado volumen de los instrumentos os impide concentraros en vuestra clase de ajedrez, que se imparte allí.

La solución que nos propones es que en la clase de guitarra se conecten auriculares a los amplificadores. Esto tiene la ventaja de que el ruido exterior se elimina, pero también tiene el inconveniente de que el profesor de Música no podría dar indicaciones a sus alumnos y alumnas mientras tocan, porque no le oirán.

Por eso quería proponerte otra solución: trasladar la clase de ajedrez al aula multiusos de la primera planta. Es un aula más pequeña y estaréis un poco más apretados, pero está aislada de cualquier posible ruido.

Atentamente,
Francisco de los Ríos (Director)

- ¿De qué trata la carta?
- ¿Qué problema existe?
- ¿Qué soluciones se han propuesto?
- ¿Qué inconvenientes tienen?

2 Imagina problemas y soluciones relacionados con estas imágenes:

3 **Copia el esquema que se corresponde con este texto y complétalo con la información que aparece en él.**

Reunión en el Ayuntamiento

El pasado martes se reunió el Comité de Festejos de la localidad de Monteagudo para hablar de las fiestas patronales. Allí se planteó un grave problema: el tradicional pregón que abre las fiestas coincidirá en día y hora con la final del mundial de baloncesto, retransmitida por televisión. Uno de los miembros del comité propuso que el pregón se hiciera después del partido, a las once de la noche. Otro miembro sugirió poner una pantalla gigante en la plaza del Ayuntamiento y hacer el pregón en el descanso del partido.

4 **Elige un tema para analizar.**

Aquí tienes algunas sugerencias:

- El calentamiento global.
- Los cursos de idiomas en el extranjero.
- Los animales de compañía.
- El uso de la bicicleta en la localidad.
- Las actividades culturales en tu colegio.
- El uso de videojuegos.

Busca información sobre el tema (aspectos positivos y negativos, posibles problemas...) y completa un esquema como uno de los de la actividad anterior.

5 **Redacta un texto analizando el tema elegido a partir del esquema que has realizado.**

Organízalo en párrafos según estas indicaciones:

- Dedica el primer párrafo a exponer el tema y los datos que tienes sobre él.
- En los párrafos siguientes, presenta de manera ordenada tus ideas. Dedica un párrafo a cada una. Por ejemplo, detalla en un párrafo los aspectos positivos y en el siguiente los negativos.
- Escribe una conclusión en el último párrafo en la que incluyas el resultado de tu análisis.

Para mejorar el texto...

- Utiliza palabras como estas para enlazar tus ideas: *pero*, *además*, *por el contrario*, *por una parte*..., *por otra parte*...
- Intenta ser breve y escribir con claridad.

Revisa el texto y comprueba la ortografía. Luego, guárdalo en tu porfolio.

6 **Lee tu análisis delante de tus compañeros y compañeras y pídeles su opinión.**

Pregúntales...

- Si tienen algo que añadir a tu análisis o creen que algo sobra.
- Si les ha gustado o no el análisis que has hecho y por qué.

TAREA 18. Dar instrucciones

Las instrucciones sirven para explicar paso a paso cómo hacer algo. Vas a escribir un texto explicando la manera de realizar una actividad cotidiana.

1 **En parejas, comentad qué instrucciones podrían estar dando estas personas:**

Ahora, imaginad situaciones en las que se podrían dar estas instrucciones y escribid cómo podrían continuar.

Se tensa el plástico y se pega con cuidado para que no salgan burbujas.

Inspira por la nariz y espira por la boca.

Recorta el fieltro siguiendo la línea que has marcado.

2 **Lee estas instrucciones y contesta.**

Batir los huevos en un bol, añadir el azúcar y mezclar muy bien para que se disuelva.

Echar poco a poco el aceite sin dejar de remover.

Incorporar la harina previamente tamizada, la levadura y la ralladura de limón, y mezclar bien.

Precalentar el horno a 180 grados y meter el recipiente en el horno unos veinte minutos.

Dejar que se enfríe un poco y espolvorear azúcar glas.

- ¿A qué receta corresponde el texto?
  - Bizcocho casero
  - Tarta de chocolate y limón
  - Tortilla de patatas
- ¿Qué ingredientes y utensilios hacen falta para prepararla? Haz una lista.
- ¿Cuántos pasos hay que seguir para elaborarla?

Reescribe dos de estas instrucciones utilizando formas verbales como *bate*, *añade*... o como *se baten*, *se añaden*...

3 Además de en los libros de cocina, ¿dónde se pueden leer instrucciones? En grupos, haced una lista y, después, ponedla en común en la clase.

Aquí tenéis algunas ideas:

4 Piensa un ejercicio de gimnasia que sepas hacer y prepara una lista de palabras necesarias para explicar cómo se realiza.

Partes del cuerpo: tronco, espalda, rodillas...

Acciones: flexionar, mantener, apoyar, estirar...

Sin decir qué ejercicio es ni ayudarte con gestos, da instrucciones a tus compañeros y compañeras para que lo realicen.

5 Ordena y copia estas instrucciones utilizando expresiones como *primero, después, a continuación, al final...*

Instrucciones para coger el autobús

Sube al autobús respetando a los que han llegado antes que tú y valida tu billete. Espera el autobús pacientemente. Dirígete a la parada más cercana. Cuando el autobús llegue, comprueba que pertenece a la línea que quieres utilizar.

6 Escribe un texto con instrucciones para realizar una tarea cotidiana siguiendo estas pautas:

- Piensa en alguna actividad que hagas cada día, para la que haya que realizar varias acciones.
- Repasa mentalmente los movimientos o acciones que hay que realizar y redacta las instrucciones paso a paso, con detalle.
- Finalmente, pon un título al texto.

Para mejorar el texto...

- Usa expresiones de orden: *en primer lugar*, *a continuación*...
- Redacta las instrucciones usando formas verbales del mismo tiempo y persona.

7 En parejas, intercambiaos los textos para comprobar si se entienden bien. Luego, corregidlos y guardadlos en vuestros porfolios.

TAREA 19. Hacer una guía de viajes

En una guía de viajes se ofrece información útil para las personas que visitan un determinado lugar. Vas a escribir un texto que podría incluirse en una guía de viajes de tu localidad.

1 Piensa y escribe.

- Si pudieras viajar a cualquier lugar del mundo, ¿cuál elegirías? Explica por qué.
- ¿Qué crees que sería útil saber antes de viajar: qué lugares visitar, dónde comer...?

2 Lee este fragmento de una guía de viajes y contesta.

Lanzarote es un destino ideal para viajar en familia. Gracias a las suaves temperaturas con las que el archipiélago canario cuenta todo el año, se puede disfrutar de sus fantásticas playas incluso en invierno, lo que hará las delicias de aquellos a los que les gusta el mar.

La isla está salpicada de volcanes que dan lugar a paisajes increíbles. En el famoso **Parque Nacional de Timanfaya** se pueden realizar distintas rutas libres o guiadas sin apenas dificultad. Y si os gusta, podréis dar un pequeño paseo en dromedario.

En el Parque Natural de los Volcanes merece la pena visitar el **Charco de los Clicos** por la impactante combinación de colores que crean el curioso color verde de la laguna, el negro de la arena volcánica que la rodea, el tono rojizo de la ladera de la montaña y el intenso azul del mar.

Uno de los lugares más divertidos es la **Cueva de los Verdes**, un túnel formado por las erupciones del volcán de La Corona que utilizaron los antiguos habitantes de la isla como refugio para protegerse de los piratas. Recorriendo sus galerías es fácil sentirse un auténtico explorador.

- ¿Qué es Lanzarote? ¿Dónde se encuentra?
- ¿De qué tres lugares se habla en el texto? ¿Qué tienen en común?
- ¿A qué sección de la guía crees que corresponde el texto? Elige el título.
  - Visitas guiadas por la isla
  - Actividades para familias

3 Fíjate en cómo están escritos estos textos y explica cuál te parece más adecuado para acompañar a la imagen en una guía de viajes. Razona tu respuesta.

Casa-Museo de César Manrique

- Se pueden recorrer las distintas estancias de la casa donde el artista pasó los últimos años de su vida. En la visita se pueden contemplar piezas decorativas, cuadros, libros y objetos personales. Merece la pena ver el taller en el que pintaba, donde se conservan varios cuadros sin terminar.
- Acércate a la Casa-Museo de César Manrique. Te encantará. Sobre todo, por la decoración. Está muy bien conservada, da una idea de cómo era este artista y cómo vivía. Para mí, lo mejor de la visita es el taller.

4 Consultad varias guías de viajes, en papel o en internet, y tomad nota de las secciones que incluyen y la información que ofrece cada sección.

Planificad las secciones que tendrá vuestra guía.

Pueden ser estas u otras que se os ocurran:

- Situación
- Lugares de interés
- Oferta de ocio
- Gastronomía
- Fiestas locales
- Poblaciones cercanas

5 Formad grupos y escribid la guía de vuestra localidad siguiendo estos pasos:

- Repartíos las secciones que habéis elegido de manera que cada miembro del grupo se ocupe de una de ellas.
- Documentaos para reunir la información y los datos que necesitáis para escribir vuestra sección y buscad fotografías para ilustrarla.
- Escribid el título de la sección y redactadla. Si mencionáis lugares concretos, decid cómo se llaman, dónde están, cómo son...

Para mejorar el texto...

- Emplea adjetivos para describir los lugares que menciones.
- Usa verbos en imperativo para dar alguna recomendación.

6 Leed en grupo vuestros textos, corregidlos y ordenadlos. Después, pensad un título para vuestra guía.

Podéis hacer una cubierta con el título y una fotografía representativa de vuestra localidad.

7 Presentad vuestra guía a la clase.

TAREA 20. Crear una revista

En una revista hay noticias, artículos de opinión, entrevistas y secciones diversas. Vais a aprender a elaborar en equipo una revista sobre un tema que os guste.

1 **Observa estas portadas de revistas y explica.**

- ¿De qué trata cada una?
- ¿Qué contenidos y secciones crees que habrá en ellas?
- ¿Qué tipo de imágenes te parece que acompañarán a los textos?

En grupos de cinco o seis, pensad de qué queréis que trate vuestra revista.

Aquí tenéis algunas propuestas:

- Información (sobre vuestro colegio, vuestra localidad, el mundo...).
- Algún tema determinado (deportes, libros, videojuegos, ciencia, cocina...).
- Entretenimiento (propuestas para el tiempo de ocio, viajes, humor...).
- Noticias interesantes (curiosidades científicas, historias sorprendentes...).

2 **Lee estos títulos de revistas y explica qué temas crees que tratan.**

El Viajero	Buenavida	Computer Hoy	El Cultural

Inventad un título para vuestra revista.

3 **Decidid qué secciones tendrá vuestra revista, qué temas tratará y qué nombre tendrá cada sección.**

Tiene que haber secciones en las que aparezcan...

- Noticias.
- Artículos de opinión.
- Entrevistas.

Podéis fijaros en el sumario de la derecha para inspiraros.

Revista escolar **Al día**

SUMARIO

Actualidad

¿Deberes para las vacaciones?	4
Diez planes para el verano	6

El personaje

Entrevistamos a la directora	10

De todo un poco

Postres fáciles... y deliciosos	12
Tablón de anuncios	14

4 **Pensad noticias interesantes sobre el tema de vuestra revista y seleccionad las que más os gusten.**

Tenéis que elegir una noticia por cada miembro del grupo. Aquí tenéis algunos ejemplos:

SOBRE TU COLEGIO:

- Las alumnas y los alumnos piden a la dirección más excursiones.
- La semana que viene se organizará una carrera solidaria.

SOBRE TU LOCALIDAD:

- El vecindario denuncia la suciedad de las calles.
- Cierra la biblioteca municipal por obras durante seis meses.

Recuerda...

- Una noticia es un texto periodístico que recoge hechos de actualidad.
- Una noticia suele contar qué pasó, a quién, cuándo, dónde y por qué.

SOBRE EL MUNDO:

- Personas expertas de todo el mundo debaten sobre el cambio climático.
- Se reducen los accidentes de tráfico en las carreteras.

5 **Repartíos las noticias y pensad en un titular y una entrada para la que os ha correspondido.**

Tened en cuenta que...

- El titular recoge el contenido principal de la noticia en una frase.
- La entrada es un breve texto que resume la noticia.

6 **Piensa sobre tu noticia y escribe un artículo de opinión sobre el tema.**

El texto debe incluir una exposición del tema, tu opinión y los argumentos que la apoyan.

7 **Escribid las noticias y los artículos de opinión.**

Hacedlo así...

- Decidid sobre qué temas resulta interesante escribir una noticia y sobre cuáles un artículo de opinión (tiene que haber más o menos el mismo número de cada uno).
- Escribid el cuerpo de cada texto.
- Añadid una conclusión con la que cerréis la noticia o resumáis la opinión, e incluid el titular.

Para mejorar el texto...

- En la noticia, no te extiendas y evita centrarte demasiado en los detalles. La lectura debe ser entretenida.
- En el artículo expresa tu valoración con palabras como *bueno*, *negativo*, *importante*...

Intercambiaos vuestros textos y corregid el de algún compañero o compañera.

8 **Pensad y elegid entre todos los miembros del equipo las imágenes que acompañarán vuestras noticias y artículos de opinión.**

9 Fíjate en este fragmento de una entrevista y responde.

«Ser un buen científico no es cuestión de género»

Margarita Salas Falgueras (Canero, 1938) es la primera científica española que tiene un sillón con su nombre en la prestigiosa Academia Nacional de Ciencias de Estados Unidos.

P.- Es usted la primera científica española que consigue acceder a la prestigiosa Academia Nacional de Ciencias. ¿Qué supone, en una carrera tan premiada como la suya, este nuevo reconocimiento?

R.- Para mí es muy importante, lo mejor que me ha pasado en mi vida científica, el mayor honor que he recibido. Estoy muy contenta porque además, según me cuentan, es mucho más complicado acceder como miembro extranjero, ya que el número de plazas disponibles es menor.

P.- Ha llegado muy lejos sin que su condición de mujer haya supuesto un obstáculo. ¿Encontró alguna dificultad en el comienzo de su carrera?

R.- Al principio, sí. Pero desde que me vine a Nueva York a trabajar con Severo Ochoa me sentí bien tratada.

Diario *Público* (Adaptación)

- ¿En qué tipo de revista podría aparecer esta entrevista?
- ¿A qué tipo de público crees que le interesaría?
- ¿Qué información biográfica se da de Margarita Salas?
- ¿Qué le habrías preguntado tú a la entrevistada?

Ahora fíjate en cómo está organizado el texto y contesta.

- ¿Cómo se distinguen las palabras del periodista y las del personaje?
- ¿Por qué crees que el titular aparece con comillas?
- ¿Cómo sabes en qué periódico se publicó la entrevista?
- ¿Con qué palabras empieza y termina la entrada?

10 Elegid en grupo a una persona cercana a la que os gustaría entrevistar y que tenga relación con el tema de vuestra revista.

Cuando la hayáis elegido, proponed preguntas que podríais hacerle y tomad nota de ellas.

11 Realizad la entrevista.

Seguid estos pasos...

- Escribid la lista definitiva de preguntas.
- Haced la entrevista, grabadla y tomad fotografías.
- Escuchad la grabación y copiad las respuestas.
- Escribid el titular y la entrada de la entrevista.

Para mejorar el texto...

- Organizad las preguntas por temas.
- Introducid algunas preguntas con comentarios que ayuden a entenderlas mejor.

12 Di en cuáles de estas secciones de una revista escolar podrías encontrar los textos de estos recuadros:

- Pasatiempos
- Chistes
- Actividades
- Buzón
- Horóscopo

Con motivo de las fiestas del colegio, habrá un concurso de disfraces. El mejor se llevará un premio. ¡Apúntate!

Encuentra cinco nombres de frutas en esta cadena de letras:
AGIRPIÑANETESANDÍADA
DEFRESANEASPERATADI
LLAULIMEÑAMELÓNEBE

Piscis
Hoy será un gran día; recibirás una agradable sorpresa.

–Papá, ¡qué rica está la paella!
–Pues repite, hijo, repite.
–Papá, ¡qué rica está la paella!

Me llamo Lola y estoy en sexto. Me gustaría que en la revista hubiera una sección de cuentos y relatos cortos escritos por los lectores.

13 Recordad las secciones que elegisteis en la actividad 3 y escribid las que os falten.

Hacedlo de esta manera...

- Decidid el contenido de cada sección.
- Repartíos las secciones para que cada miembro del equipo escriba una.
- Buscad o dibujad imágenes que ilustren vuestra sección.

Para mejorar el texto...

- Añade algún elemento de humor para que el texto sea divertido.
- Ten en cuenta el público al que se dirige la revista.

14 Organizad el contenido de la revista.

Recopilad todo el material que habéis escrito, calculad las páginas y haced un boceto parecido al de la derecha sobre las páginas de la revista. No olvidéis dejar espacio para las imágenes.

15 Revisad los textos de vuestra revista para corregir posibles errores y faltas de ortografía.

No reviséis vuestros propios textos.

16 Editad la revista siguiendo estas indicaciones:

- Pasad los textos a limpio en un ordenador, dejando espacio para las fotografías. Luego colocad las fotos e imprimid las páginas.
- Elaborad el sumario de la revista, poned el título y el número de página de cada sección.
- Diseñad una portada.

COMPETENCIA LITERARIA

TAREA 1. Para todos los gustos

Las obras literarias

No a todo el mundo le gusta leer el mismo tipo de libros. Algunas personas prefieren los cuentos breves; a otras, en cambio, les gustan las historias más largas de las novelas. Hay personas que disfrutan leyendo poemas, mientras que a otras les encantan las obras de teatro. ¡Por suerte hay diferentes tipos de obras para elegir!

Los géneros

Muchas obras literarias se parecen por la forma como están escritas o por los temas que tratan. Según las características que comparten, las obras se agrupan en tres **géneros literarios**: la narrativa, la lírica y el teatro.

- Pertenecen a la **narrativa** las obras en las que un narrador cuenta lo que les sucede a unos personajes. Son obras narrativas el cuento, la novela, la leyenda...
- Pertenecen a la **lírica** los textos escritos en verso en los que se expresan sentimientos o pensamientos.
- Pertenecen al **teatro** las obras escritas para ser representadas ante un público.

1 Por parejas, inventad títulos.

Para una novela de aventuras	Para un libro de poemas sobre el mar	Para una obra de teatro de risa

2 Escribe un pequeño texto sobre el tipo de libros que te gusta leer.

Puedes poner algún ejemplo o hablar de tu libro preferido.

3 Responde a estas preguntas sobre tus hábitos de lectura:

- ¿Cuánto tiempo lees a la semana?
- ¿En qué momento del día prefieres leer? ¿Por qué?
- ¿Dónde sueles leer?
- ¿Qué sientes mientras lees?

Comentad en clase vuestras respuestas.

4 Lee este fragmento y responde.

Perdida en el Ártico

Miyax echó hacia atrás la capucha de su parka y contempló el sol del Ártico. Era un disco amarillo en un cielo verde lima, con los colores de las seis de la tarde, la hora en que se despertaban los lobos. Silenciosamente, dejó en el suelo su cazuela y trepó hasta la cima de un montículo de hielo en forma de cúpula, una de las muchas elevaciones del terreno que ondulan bajo el frío crepitante del invierno polar. Tendida bocabajo, miró a lo lejos la vasta extensión de pastos y musgo y centró su atención en los lobos que había descubierto dos noches antes. Agitaban la cola al despertarse y ver al resto de la manada.

Las manos de Miyax empezaron a temblar y el latido de su corazón se aceleró, porque tenía miedo, no tanto por los lobos, que eran tímidos y se hallaban a muchos tiros de arpón de distancia, como por su desesperada situación. Miyax se había extraviado. Llevaba muchos días perdida y sin nada que comer en la región norte de Alaska. Este estéril territorio se extiende a lo largo de cuatrocientos kilómetros desde la cadena de los Brooks hasta el océano Ártico, y abarca más de mil doscientos kilómetros desde el mar de Chukchi hasta el de Beaufort. No lo cruza ningún camino; lagos y lagunas salpican su inmensidad. Los vientos lo atraviesan aullando en todas direcciones y su paisaje, allí donde se mire, es exactamente el mismo. En algún lugar de este cosmos se encontraba Miyax, y su misma vida, la energía y el calor de su cuerpo dependían de estos lobos para sobrevivir. Pero ella no estaba muy segura de que la ayudaran.

JEAN C. GEORGE, *Julie y los lobos* (Adaptación)

- ¿A qué género literario pertenece el relato?
- ¿Quién narra la historia?
- ¿Cuándo sucedieron los hechos?
- ¿Dónde ocurrieron?

Imagina que Miyax encuentra a alguien dispuesto a ayudarla y escribe un diálogo teatral.

5 Leed en grupo este texto y explicad a qué género literario pertenece.

Málibu

Málibu,
olas de lluvia,
aire de música.

Málibu,
agua cautiva,
gruta marina.

Málibu,
nombre de hada,
fuerza encantada.

Málibu,
viento que ulula,
bosque de brujas.

Málibu,
una palabra,
y en ella, magia.

LUIS CERNUDA

Contesta sobre el texto.

- ¿Qué palabra se repite? ¿Crees que significa algo?
- ¿Cuántas estrofas tiene el poema?
- ¿Y cuántos versos tiene cada estrofa?

TAREA 2. Letra y música

Nuestras canciones

La poesía y la música tienen muchas cosas en común. Por eso, desde siempre han estado unidas. Las letras de muchas de las canciones que nos gustan son verdaderos poemas. Generalmente, esas letras se han escrito expresamente para las canciones, pero también hay poemas famosos a los que se les ha puesto melodía y así se han transformado en canciones.

La lírica tradicional

Las primeras manifestaciones de la literatura española fueron poemas populares de tipo lírico que la gente cantaba en el trabajo o los días de fiesta. El conjunto de esas canciones o poemas se conoce como **lírica tradicional**.

Los poemas líricos tradicionales son composiciones anónimas breves y sencillas, que se fueron transmitiendo oralmente de unas personas a otras.

1 Comentad en clase.

- ¿Qué tipo de música os gusta?
- ¿Dónde y cuándo la escucháis?
- ¿Cantáis habitualmente? ¿Cuándo?
- ¿Qué canciones tradicionales conocéis?

2 Escribe la letra de una canción que te guste. ¿Se parece a un poema? ¿En qué?

3 Lee el poema y resuelve.

Adelina de paseo

La mar no tiene naranjas,
ni Sevilla tiene amor.
Morena, qué luz de fuego.
Préstame tu quitasol.

Me pondrá la cara verde
–zumo de lima y limón–,
tus palabras –pececillos–
nadarán alrededor.

La mar no tiene naranjas.
Ay, amor.
¡Ni Sevilla tiene amor!

Federico García Lorca

- Copia la primera estrofa y mide sus versos. Recuerda que cuando la última palabra del verso es aguda, hay que sumar una sílaba.
- ¿Qué verso de la primera estrofa tiene una sinalefa?
- El poeta llama *pececillos* a las palabras. Imagina qué otras cosas pueden ser las palabras y escribe un verso sobre ellas.
- Si se le pusiera música a este poema, ¿crees que sería una canción alegre o triste? ¿Por qué?

Los temas de la lírica tradicional

Las composiciones de la lírica tradicional pueden tratar temas muy variados. Los más frecuentes son los siguientes:

- El **amor**. En muchas composiciones se celebra la llegada del amor; en otras, se llora por un amor no correspondido o por la ausencia de la persona amada.
- El **trabajo**. Para aliviar la dureza de las faenas agrícolas o para entretenerse mientras se cuidaba al ganado, se cantaban cancioncillas sobre esos temas.
- Las **fiestas**. Las celebraciones eran un momento destacado para las canciones festivas.

4 **Leed las siguientes cancioncillas tradicionales y elegid la que más os guste.**

Debéis explicar también por qué os gusta.

A coger el trébol, damas...

A coger el trébol, damas,
la mañana de San Juan,
a coger el trébol, damas,
que después no habrá lugar.

Anónimo

Preso me lo llevan...

Preso me lo llevan
a mi lindo amor,
por enamorado,
que no por traidor.

Preso me lo llevan,
la causa no sé:
digan lo que debe,
que yo lo pagaré.

Anónimo

A segar son idos...

A segar son idos
tres con una hoz;
mientras uno siega
holgaban los dos.

Anónimo

5 **Responde sobre los textos de la actividad anterior.**

- ¿Qué tema de la lírica tradicional trata cada poema?
- ¿De qué trabajo de campo se habla en *A segar son idos...*: de la vendimia, de la siega o de la siembra?
- ¿Qué día del año se cantaba la canción de fiesta?
- La cancioncilla de amor, ¿te parece alegre o triste? ¿Por qué?

6 **Escribe tú un poemilla de trabajo siguiendo estas pautas:**

- Elige un trabajo relacionado con el campo o con el mar.
- Toma como modelo la cancioncilla *A segar son idos...*
- Escribe cuatro versos cortos. Procura que dos de ellos rimen.

TAREA 3. Como si fuera real

La novela

A menudo los escritores y escritoras inventan historias y son capaces de recrear con detalle el mundo en el que suceden, como si lo que nos cuentan ocurriera de verdad. Así, consiguen atraparnos con la lectura de sus relatos. Sin darnos cuenta, al leerlos nos trasladamos al lugar y la época en que viven los personajes y no podemos pensar más que en qué va a ocurrirles después. Es lo que sucede muchas veces cuando leemos una novela.

Elementos narrativos

Las novelas son textos narrativos, como los cuentos, pero de mayor extensión. Por ese motivo, en las novelas los elementos narrativos son más complejos que en los cuentos.

- El **marco narrativo** de las novelas tiene gran importancia y, por eso, se describen con detalle el tiempo y el lugar en los que sucede la historia.
- Los **personajes** no son tan esquemáticos como en los cuentos: además de sus acciones, importan también sus sentimientos y sus emociones.
- La **acción** que se relata incluye a veces varias historias que se intercalan y los hechos no siempre se cuentan en orden cronológico, sino que al narrar la historia se anticipan sucesos o se retrocede para contar algo que sucedió en el pasado.

1 Comentad en clase.

- ¿Qué novelas os han atrapado? ¿De qué trataban?
- ¿Cuáles habéis dejado a medias? ¿Por qué?

2 Muchas novelas han sido adaptadas al cine. Hablad sobre algunas de ellas y contestad.

- ¿Qué os parece mejor: leer el libro o ver la película? ¿Por qué?
- ¿Qué diferencias creéis que existen entre ambas opciones?

Tipos de novela

Según el tema del que tratan, se habla de distintos tipos de novela:

- Las **novelas policiacas** relatan un caso policial y su solución.
- Las **novelas de aventuras** narran las peripecias de unos personajes para conseguir un objetivo.
- Las **novelas de terror** son aquellas en las que se pretende provocar miedo a quien las lee. Normalmente aparecen personajes extraordinarios, como monstruos, hombres lobo…
- Las **novelas de ciencia ficción** cuentan hechos asombrosos ocurridos en mundos imaginarios, donde la tecnología está más avanzada que en el nuestro.
- Las **novelas fantásticas** narran sucesos extraños que tienen lugar en el mundo real o construyen todo un mundo imaginario en el que habitan seres como magos, duendes, elfos…
- Las **novelas históricas** relatan sucesos ocurridos en épocas pasadas. Habitualmente, en ellas se mezclan hechos reales y hechos inventados.

3 **Lee el siguiente fragmento de una novela y responde.**

La llegada a la tierra del Este

Dorothy dio un grito de asombro y miró a su alrededor, con los ojos cada vez más abiertos ante las maravillosas visiones que se le ofrecían.

La tromba de agua había hecho aterrizar su casa, muy suavemente para ser una tromba, en medio de un paraje de extraordinaria belleza. Había por todas partes manchones de césped, con imponentes árboles cargados de frutos apetecibles y exquisitos, hileras de espléndidas flores, y pájaros de raro y brillante plumaje que cantaban y revoloteaban entre árboles y matas. Un poco más allá había un arroyuelo, que se deslizaba rápido y destellante entre verdes riberas y murmuraba con un sonido agradabilísimo para una muchacha que se había criado en las secas y grises praderas.

Mientras estaba allí de pie, mirando el extraño y hermoso paisaje, observó que se le acercaba un grupo de la gente más rara que jamás había visto. No eran tan grandes como las personas a las que estaba acostumbrada, pero tampoco eran muy pequeños. De hecho, parecían tener la estatura de Dorothy, que era crecida para su edad, pero aparentaban tener muchos más años que ella.

L. Frank Baum, *El mago de Oz* (Adaptación)

- ¿Qué tipo de novela es? ¿Por qué?
- ¿Dónde sucede la acción?
- ¿Quién la protagoniza?
- ¿Qué crees que pasará después?

4 **Inventa un personaje para una novela y di en qué tipo de novela podría aparecer.**

Debes ponerle nombre y describirlo lo mejor posible.

• Asonante => coinciden los sonidos vocálicos al final de la sílaba (vivo, niño, seguridad)
• Consonante => riman consonantes y vocales (enero y cabrero) fría y ponía.

TAREA 4. Para escribir un poema

• Arte menor: versos son de 8 o menos sílaba,
• Arte mayor: versos son de 9 o más sílabas.

Las estrofas

Cuando alguien se sienta a escribir poesía, no solo tiene que pensar en el tema de su poema y en lo que va a decir en él. También tiene que decidir cómo va a ser la rima, qué versos van a rimar entre sí, cuánto va a medir cada uno... Aunque en un poema se pueden combinar libremente distintos tipos de versos, existen también esquemas fijos entre los que se puede elegir: son las estrofas.

Una **estrofa** es un conjunto de versos cuya rima y medida siguen un esquema fijo. Hay distintos tipos de estrofas, como el pareado, el terceto, el cuarteto, el serventesio...

El pareado y el terceto

El **pareado** es una estrofa de dos versos que riman entre sí.

Cada hoja de cada árbol canta un propio cantar
y hay un alma en cada una de las gotas del mar.

RUBÉN DARÍO

El **terceto** es una estrofa de tres versos de arte mayor (es decir, de versos que tienen más de ocho sílabas métricas) que riman en consonante el primero con el tercero.

Soy un alma desnuda en estos versos, A
alma desnuda que, angustiada y sola, –
va dejando sus pétalos dispersos. A

ALFONSINA STORNI

1 ¿Cuántos tipos de rima hay? ¿Cómo es cada uno? Intentad recordarlos entre todos.

2 Piensa y escribe una palabra que rime en consonante con cada una de estas:

maravilla	viento	ilusión	chocolate

Ahora, inventa un pareado con una de las parejas de palabras que has escrito.

3 Lee estos versos y responde.

En medio del invierno está templada
el agua dulce desta clara fuente,
y en el verano más que nieve helada.

GARCILASO DE LA VEGA

- ¿Cuántas sílabas tiene cada verso?
- ¿Los versos son de arte mayor o de arte menor?
- ¿Qué versos riman entre sí?
- ¿Cómo se llama este tipo de estrofa?

El cuarteto y el serventesio

El **cuarteto** es una estrofa de cuatro versos de arte mayor y rima consonante con el esquema ABBA.

Yo no estimo tesoros ni riquezas; A
y así, siempre me causa más contento B
poner riquezas en mi pensamiento B
que no mi pensamiento en las riquezas. A

SOR JUANA INÉS DE LA CRUZ

Si los versos son de arte menor, la estrofa se llama **redondilla**.

El **serventesio** es una estrofa de cuatro versos de arte mayor y rima consonante con el esquema ABAB.

Mi infancia son recuerdos de un patio de Sevilla, A
y un huerto claro donde madura el limonero; B
mi juventud, veinte años en tierras de Castilla; A
mi historia, algunos casos que recordar no quiero. B

ANTONIO MACHADO

Si los versos son de arte menor, la estrofa se llama **cuarteta**.

4 Lee el texto y responde.

Primavera

La primavera besaba
suavemente la arboleda
y el verde nuevo brotaba
como una verde humareda.

Las nubes iban pasando
sobre el campo juvenil...
Yo vi en las hojas temblando
las frescas lluvias de abril.

Bajo ese almendro florido,
todo cargado de flor
–recordé– yo he maldecido
mi juventud sin amor.

Hoy, en mitad de la vida
me he parado a meditar...
¡Juventud nunca vivida,
quién te volviera a soñar!

ANTONIO MACHADO

- ¿Cuántas estrofas tiene el poema?
- ¿Cuántos versos tiene cada estrofa?
- ¿Cuánto mide cada verso?
- ¿Son versos de arte mayor o menor?
- ¿Qué versos riman entre sí?
- ¿Cómo se llama este tipo de estrofa?

5 Leed en voz alta el poema *Primavera* y comentad.

- ¿Qué edad puede tener el poeta?
- ¿Cómo dice que se siente?

¿Qué sentimientos o sensaciones asociáis a cada estación del año?

TAREA 5. Hay poemas y poemas

Clases de poemas

Existe una gran variedad de poemas. Hay poemas de varias páginas y poemas que solo tienen unos pocos versos. Algunos están formados por versos de arte mayor y otros por versos de arte menor. Unos tienen rima asonante y otros, rima consonante. Incluso hay poemas que no tienen rima y combinan distintos tipos de versos.

Según la forma de organización de los versos, los poemas pueden ser estróficos o no estróficos:

- Son **poemas estróficos** los que tienen versos organizados en estrofas, como el soneto.
- Son **poemas no estróficos** aquellos en los que los versos no están organizados en estrofas, como el romance.

Los romances

Los **romances** son poemas de versos octosílabos con rima asonante en los versos pares. Muchos romances narran sucesos históricos, aventuras y leyendas, episodios amorosos...

1 Lee el siguiente romance y responde.

Romance del conde Arnaldos

¡Quién hubiese tal ventura
sobre las aguas del mar
como hubo el conde Arnaldos
la mañana de San Juan!
Con un halcón en la mano
la caza iba a cazar.
Vio venir una galera
que a tierra quiere llegar.
Las velas trae de seda,
la jarcia de un cendal;
marinero que la manda
diciendo viene un cantar
que la mar hacía en calma,
los vientos hace amainar,
los peces que andan al hondo
arriba los hace andar,
las aves que andan volando
al mástil hace posar.
Allí habló el conde Arnaldos,
bien oiréis lo que dirá:
–Por tu vida, marinero,
dígasme hora ese cantar.
Respondiole el marinero,
tal respuesta le fue a dar:
–Yo no digo mi canción
sino a quien conmigo va.

ANÓNIMO

- ¿De qué trata el poema? Resúmelo.
- Si es un romance, ¿cuántas sílabas deben tener los versos? Compruébalo.
- ¿Qué regla se aplica para medir el segundo verso?
- ¿Qué versos riman? ¿Cómo es la rima?

El soneto

El **soneto** es un poema estrófico formado por catorce versos endecasílabos (de once sílabas) agrupados en dos cuartetos y dos tercetos. Los cuartetos siguen siempre el mismo esquema: ABBA ABBA. El esquema de los tercetos puede variar dependiendo del soneto.

2 **Leed el siguiente poema entre cuatro. Cada uno leerá una estrofa.**

Es hielo abrasador...

Es hielo abrasador, es fuego helado,
es herida que duele y no se siente,
es un soñado bien, un mal presente,
es un breve descanso muy cansado.

Es un descuido que nos da cuidado,
un cobarde con nombre de valiente,
un andar solitario entre la gente,
un amar solamente ser amado.

Es una libertad encarcelada,
que dura hasta el postrero paroxismo;
enfermedad que crece si es curada.

Este es el niño Amor, este es su abismo.
¡Mirad cuál amistad tendrá con nada
el que en todo es contrario de sí mismo!

Francisco de Quevedo

Comentad en clase de qué trata el poema y justificad vuestras respuestas.

- de la libertad
- del amor
- de la poesía
- de la enfermedad

3 **El oxímoron es una figura literaria que consiste en complementar una palabra o expresión con otra u otras de significado opuesto. Lee y busca más ejemplos en el poema.**

Ejemplo: *hielo abrasador*.

4 **¿Qué crees que piensa Quevedo del amor? ¿Por qué lo crees?**

- Que es peligroso.
- Que trae felicidad.
- Que no existe.

5 **Analiza métricamente el poema.**

Hazlo así:

- Copia el poema y escribe cuánto mide cada verso.
- Mira qué versos riman en cada estrofa y asigna la misma letra a los versos que rimen, en mayúscula porque son versos de arte mayor.
- Di qué tipo de estrofas forman el poema y qué tipo de poema es.

TAREA 6. ¡Qué originales!

Composiciones especiales

Hay composiciones que llaman la atención por su originalidad. En algunos casos, es la idea que se transmite la que resulta especialmente original. Otras veces lo que es original es la forma elegida para presentarla.

Son composiciones que destacan por su originalidad las greguerías, los haikus y los caligramas.

Las greguerías

Las **greguerías** son composiciones, generalmente de una sola oración, en las que se establecen curiosas relaciones entre dos realidades. La mayoría de las greguerías que conocemos fueron ideadas por el escritor Ramón Gómez de la Serna.

El cometa es una estrella a la que se le ha deshecho el moño.

1 **Lee estas greguerías de Ramón Gómez de la Serna e intenta explicar su significado.**

- El perfume es el eco de las flores.
- Las espigas hacen cosquillas al viento.
- El hipopótamo juega a ser submarino.
- Las estrellas telegrafían temblores.

2 **Fíjate en estas greguerías y escribe otras sobre letras del abecedario.**

La Ñ es la N con bigote.

La C es una galletita mordida.

Los haikus

Los **haikus** son poemas muy sencillos de origen japonés, que constan de dos versos de cinco sílabas y uno de siete, el de en medio. Los haikus suelen hablar de las estaciones del año, de la naturaleza o de escenas de la vida cotidiana.

Noche sin luna.
La tempestad estruja
los viejos cedros.

MATSUO BASHÔ

Viento del norte.
En la ropa tendida,
olor de otoño.

SUSANA BENET

3 **Copia en tu cuaderno los haikus anteriores y mide sus versos.**

¿Cuál de los dos poemas te gusta más? ¿Por qué?

4 Copia y completa los haikus teniendo en cuenta el número de sílabas que deben tener sus versos y el tema que tratan.

- mentira
- invierno
- agua
- primavera
- cigüeña
- luna

Copos de nieve
en el árbol desnudo.
Flores de ▬▬

PILAR ROSELLÓ

Bajo el alero
el espejo no copia
más que la ▬▬

JORGE LUIS BORGES

5 Piensa y escribe un haiku sobre alguna de las estaciones del año.

Los caligramas

Algunos poemas nos llaman la atención simplemente por su aspecto. Así, por ejemplo, hay composiciones que parecen dibujos. Estas composiciones se llaman **caligramas** y, en ellas, se crean imágenes con los versos. De ese modo, los poemas son como figuras hechas con palabras.

6 Observa este caligrama de José Javier Alfaro y resuelve.

- ¿De qué trata el caligrama? ¿Qué dibujo representa?
- ¿Por qué crees que el caligrama incluye las palabras *refugio* y *compañía*?
- ¿Qué cosas o emociones asocias tú a los libros? Piensa y añade otras palabras al poema.
- Inventa un título para el caligrama.

7 Elabora un caligrama siguiendo estas pautas:

- Escoge algún objeto que te guste. También puede ser un animal o una planta.
- Haz una lista de palabras que relaciones con ese objeto. Incluye algún verso si quieres.
- Dibuja con lápiz el contorno del objeto.
- Copia las palabras o versos que has escrito siguiendo la línea que has dibujado.

TAREA 7. Historias en dibujos

El cómic

Los cuentos, las novelas, las leyendas... son textos en los que un narrador cuenta una historia. Pero también se puede contar una historia a través de dibujos, como se hace en los cómics.

Un **cómic** es una sucesión de escenas o viñetas en las que se cuenta lo que les sucede a unos personajes. Además de los dibujos, en las viñetas de un cómic se pueden incluir los siguientes elementos:

- Bocadillos, que contienen las palabras de los personajes.
- Líneas narrativas, que son breves textos que nos ayudan a seguir el hilo de la historia. Suelen situarse en la parte superior de las viñetas.
- Onomatopeyas, que reproducen sonidos.
- Líneas de movimiento, que indican hacia dónde se mueven los objetos o los personajes de las viñetas.

1 Comentad en clase.

- ¿Habéis leído alguna vez un cómic? ¿Cuál? ¿De qué trataba?
- ¿Conocéis algún personaje clásico de cómic? ¿Cuál?
- ¿Y alguna película que esté basada en un cómic? ¿Cómo es?

2 Fíjate en los siguientes tipos de bocadillos y explica para qué se utiliza cada uno.

Inventa un texto que podrías incluir en cada bocadillo.

3 Piensa e inventa una onomatopeya para cada caso.

4 Lee este comienzo de un cómic y responde.

- ¿Cuántas viñetas hay en el fragmento?
- ¿Cuáles tienen línea narrativa?
- ¿Qué onomatopeya aparece?
- ¿Cuántos tipos de bocadillo hay?
- ¿Qué personajes intervienen?
- ¿Cómo podría titularse el cómic?

5 Imagina y explica cómo podría continuar la historia.

Dibuja otras dos viñetas para continuar el cómic.

6 ¿Con cuál de estas afirmaciones estáis más de acuerdo? Debatid en clase.

En un cómic la imagen es más importante que el texto.	En un cómic la imagen y el texto son igual de importantes.

7 Inventa un personaje de cómic y descríbelo con todo el detalle que puedas.

Debes decir cómo es, cómo va vestido y qué característica especial tiene.

Dibuja a tu personaje en varias posiciones diferentes e incluye algún bocadillo con texto.

TAREA 8. En escena

Las obras teatrales

En las obras teatrales, los actores y actrices representan en un escenario lo que hacen y lo que dicen unos personajes. Hay muchas clases de obras teatrales. Las dos más importantes son la comedia y la tragedia.

La comedia y la tragedia

Las **comedias** son obras teatrales en las que se plantean conflictos cotidianos que afectan a seres normales. Estos conflictos provocan equívocos y situaciones disparatadas que hacen reír al público. Al final, el conflicto se resuelve y la obra acaba felizmente.

Las **tragedias** son obras teatrales en las que los personajes se enfrentan a graves conflictos. Los personajes de estas obras suelen estar dominados por fuertes sentimientos, como el amor, el odio, la ambición... Con frecuencia, son víctimas de un destino adverso. De ahí que este tipo de obras suelan acabar con la muerte del protagonista o de algunos de los personajes.

1 Explica qué es una obra teatral usando estas palabras:

texto literario	público	actores y actrices	diálogos

2 Lee el siguiente texto y responde.

El enemigo

ROMEO. *(A un criado).* ¿Quién es aquella dama que enriquece la mano de aquel galán?

CRIADO. No la conozco, señor.

ROMEO. ¡Oh! ¡Su hermosura brilla más que la luz de las antorchas! ¡Belleza demasiado preciosa para la Tierra!

TEOBALDO. *(Refiriéndose a Romeo).* Ese, por su voz, es un Montesco. ¡Tráeme mi estoque, muchacho! ¡Lo mataré a estocadas!

CAPULETO. ¿Qué hay, qué pasa, sobrino?

TEOBALDO. ¡Tío, ese es Romeo! ¡Un Montesco, un enemigo nuestro que ha venido hasta aquí para burlarse esta noche de nuestra fiesta!

WILLIAM SHAKESPEARE
Romeo y Julieta (Adaptación)

- ¿Qué elementos del texto muestran que se trata de una obra teatral?
- ¿Crees que es una comedia o una tragedia? Justifica tu respuesta.

¿Cómo crees que acaba esta historia? Imagina y cuenta el desenlace.

3 **Leed en voz alta esta obra teatral.**

Primero, repartid los papeles y elegid a alguien que lea las acotaciones.

El gran Dante

Escena I

El duque de Lucca está sentado ante su escritorio. Entra un criado.

CRIADO. Señor, un mensaje del rey.

DUQUE DE LUCCA. Gracias. *(Recoge el pergamino, lo desenrolla y comienza a leer).* ¡Oh! El rey Roberto tiene mucho interés en conocer a Dante. Ve a buscarlo, por favor.

El criado sale del despacho y, tras unos minutos, vuelve con Dante.

DANTE. Queridísimo duque, ¿por qué me mandáis llamar con tanta prisa?

DUQUE DE LUCCA. Distinguido amigo, el rey os invita a cenar esta noche. Es normal, sois el gran poeta de Florencia. ¡Muchos estamos seguros de que en el futuro os reconocerán como el más grande de los poetas italianos! Vuestro talento no ha pasado inadvertido para el soberano de Nápoles.

DANTE. *(Con humildad).* No merezco tantos elogios. Desde luego, considero un verdadero honor ser recibido por el rey y visitaré su corte encantado.

Escena II

En un salón, el rey aparece rodeado de un numeroso grupo de nobles. Entra Dante, vestido con una sencilla túnica, como acostumbraban los poetas. Todos los presentes lo miran con aire de superioridad.

REY. *(Dirigiéndose a los caballeros que lo acompañan).* Señores, pasemos a la mesa.

Los invitados ocupan sus puestos y charlan entre sí. El rey se sitúa en la cabecera y junto a él van sentándose los nobles. Dante queda relegado a un extremo de la mesa.

SIRVIENTE. *(Sosteniendo una fuente, junto a Dante).* Señor, ¿desea un poco más?

DANTE. No, gracias. Ha sido una cena excelente. *(Abandonando la mesa).* Buenas noches.

REY. *(Dirigiéndose a todos).* Caballeros, espero que la comida haya sido de su agrado. En unos instantes, un grupo de juglares animará nuestra velada.

NOBLE 1. Gracias. *(En tono adulador).* Majestad, todo está perfecto, como siempre.

NOBLE 2. *(En el mismo tono de lisonja).* Es un privilegio contarnos entre sus invitados.

REY. *(Mirando a su alrededor).* Por cierto, ¿dónde está Dante? No lo veo...

SIRVIENTE. Señor, hace un buen rato que lo vi marchar.

REY. Duque de Lucca, venid un momento. *(Cogiéndolo por el brazo y llevándoselo).* Creo que no he honrado como se merece a nuestro gran poeta. Apenas he reparado en él durante toda la velada y eso que fui yo quien solicitó su presencia. Hacedle llegar una nueva invitación para que, si es posible, vuelva mañana.

DUQUE DE LUCCA. Claro, Majestad, dejadlo en mis manos.

Escena III

El rey está en el mismo salón de la noche anterior con un buen número de caballeros. Entra Dante, vestido con una lujosa túnica bordada con hilo de oro. Todos los presentes guardan silencio y observan con admiración al elegante caballero.

REY. *(Muy sonriente, tiende la mano al poeta).* Gran Dante Alighieri, tenía un enorme interés en haceros llegar mi admiración por vuestra poesía. Es de una perfección extraordinaria.

DANTE. Gracias, Majestad.

REY. *(Indicándole un lugar de la mesa contiguo a él).* Si os parece, podemos empezar a comer. *(Tras probar la carne y el vino).* Deseo, señores, que disfruten.

DANTE. *(Restregando un trozo de carne en sus ropas y derramando una copa de vino sobre ellas).* La carne y el vino son excelentes, señor.

REY. *(Muy confundido).* Gra... gracias, caballero.

NOBLE 1. *(Cuchicheando con su compañero).* Pero... ¿qué está haciendo? ¡Se ha vuelto loco!

Mientras tanto, Dante continúa echándose encima la comida y la bebida. Todos hablan entre sí y hacen gestos de reprobación.

REY. *(A Dante, en tono severo).* ¿Queréis explicarme lo que estáis haciendo? No entiendo vuestra conducta.

DANTE. *(Con calma).* Majestad, me he dado cuenta de que vuestras atenciones no van dirigidas a mí, sino a mi indumentaria. Por eso, creo que mis ropas deben deleitarse con estos manjares. Ayer, cuando aparecí con una humilde túnica, me sentasteis al final de la mesa. En cambio, hoy, que me he presentado con este lujoso traje, me colocáis a vuestro lado. Si tengo algún mérito, será el mismo tanto si vengo vestido con sencillez como si visto lujosas ropas.

REY. *(Asintiendo).* ¡Cuánta razón tenéis! Deberíamos recordar lo que dice un sabio refrán español: «El hábito no hace al monje». Os ofrezco mis disculpas.

DANTE. Os honra vuestra actitud, Majestad. Pocos soberanos son capaces de reconocer sus errores.

REY. Gracias, gran Dante. Y ahora, ¡que continúe la fiesta!

Basado en GIOVANNI SERCAMBI

4 **Vuelve a leer la obra teatral y responde.**

- ¿Quién es el protagonista de la historia? ¿De dónde es? ¿A qué se dedica?
- ¿En cuántas escenas se divide la obra? ¿Dónde se desarrolla cada una?
- ¿Dirías que es una comedia o una tragedia? ¿Por qué?

5 **Lee de nuevo el refrán que cita el rey en el texto y explica su significado.**

El hábito no hace al monje.

¿Se juzga a veces a los demás por su manera de vestir? ¿Por qué crees que se hace?

6 **Inventa y escribe algunas intervenciones para intercalar en el texto.**

Deben intervenir Dante y el duque de Lucca. No olvides incluir alguna acotación.

7 **Dante es un poeta muy importante de la historia de la literatura. Busca en internet estos datos sobre él:**

- Fecha de nacimiento y muerte.
- El título de dos de sus obras.

La representación teatral

El conjunto de las tareas destinadas a preparar la representación de la obra recibe el nombre de **puesta en escena**. En la puesta en escena intervienen los actores y actrices, el director o directora, las personas encargadas del vestuario, del maquillaje, de los decorados, de la iluminación, del sonido...

Mientras tienen lugar los ensayos, se prepara la escenografía. Esto implica construir decorados, seleccionar la música, elegir la iluminación, confeccionar el vestuario... Todo lo necesario para recrear lo mejor posible el ambiente de la obra.

8 **¿Habéis participado alguna vez en una representación teatral? Comentadlo en clase.**

- ¿De qué trataba la obra? ¿Dónde se hizo la representación?
- ¿Tuvisteis que ensayar mucho?
- ¿Qué fue lo más difícil de preparar? ¿Y lo más divertido?
- ¿Os gustó la experiencia?

9 **¿Cómo confeccionarías el vestuario de estos personajes? Explica.**

Comprueba si en las acotaciones que hay en la obra teatral se dice algo sobre cómo van vestidos.

10 **Organizaos por grupos. Cada uno hará una propuesta sobre cómo preparar los decorados para la representación de *El gran Dante*.**

Tened en cuenta lo siguiente:

- Fijaos en cuántos decorados hacen falta. A menudo, cuando se cambia de escena, cambia el decorado.
- Los decorados no deben ser demasiado complejos, porque tiene que dar tiempo a cambiarlos en poco tiempo.

Votad qué propuesta es la mejor.

TAREA 9. Cómo decirlo

Los recursos literarios

Los escritores y escritoras, en sus obras, inventan historias, crean mundos de ficción, expresan sus sentimientos y sus ideas… Todo ello lo hacen usando el lenguaje de una manera especial que resulte más bella y expresiva. Por eso, en los textos literarios, la expresión es tan importante como el contenido.

La belleza y expresividad de los textos se consigue utilizando los **recursos literarios**. Además de la personificación, la comparación y la metáfora que ya conoces, son recursos literarios la hipérbole, el paralelismo, el hipérbaton…

La hipérbole

La **hipérbole** consiste en disminuir o aumentar exageradamente las cualidades o las características de algo o de alguien.

¡Caballitos, banderolas,
alfileres, redecillas,
peines de tres mil colores!

RAFAEL ALBERTI

1 Copia y completa con hipérboles que podrías usar en la vida cotidiana.

- Hemos tardado ______.
- Nuestra amistad es ______.
- ¡Está lloviendo a ______!
- Esta maleta pesa ______.

2 Lee y responde.

Por tu amor me duele el aire,
el corazón
y el sombrero.

FEDERICO GARCÍA LORCA

La tarde tiene sueño
y se duerme mecida por los árboles.

JOSEFINA DE LA TORRE

Tanto dolor se agrupa en mi costado
que por doler me duele hasta el aliento.

MIGUEL HERNÁNDEZ

Y es una mañana
tan coloradita
como una manzana.

ANTONIO MACHADO

- ¿En qué versos aparece una hipérbole? ¿De quiénes son esos versos?
- ¿Qué recurso literario se usa en los versos de Josefina de la Torre? ¿En qué consiste ese recurso?
- ¿Qué elementos se comparan en los versos de Antonio Machado?

El paralelismo

Consiste en la repetición de estructuras parecidas en varios versos u oraciones:

Me envuelve, pero no es ola.
Me amarga, pero no es sal.

Dulce María Loynaz

El hipérbaton

Consiste en una alteración del orden habitual de los elementos de la oración:

Volverán las oscuras golondrinas
en tu balcón sus nidos a colgar.

Gustavo Adolfo Bécquer

3 **Copia los versos de Gustavo Adolfo Bécquer en el orden habitual en una oración.**

Luego, inventa una oración y cópiala empleando un hipérbaton.

4 **Lee el poema y resuelve.**

Canción

Cuando la luz de la tarde
en occidente se apaga,
y la reina de las sombras
con ligero paso avanza;

en esas horas tranquilas,
inspiradoras del alma;
cuando en las alas del viento
el silencio se derrama;

cuando la tórtola dulce
lánguido suspiro exhala
con acento lastimero
recogida entre las ramas,

a aliviar voy mis cuidados
a la orilla solitaria
de un pacífico arroyuelo
que entre fresnos se dilata.

Y vagando pensativa
por la arboleda callada
sueño dichas venideras,
o canto las ya pasadas.

Y comparo al manso río
mi existencia sosegada.
Él rueda blando entre flores;
ella entre ilusiones blanda.

Carolina Coronado

- ¿Quién habla en el poema? ¿Qué cuenta en él?
- ¿A qué elemento real alude la metáfora *reina de las sombras*?
- ¿Por qué hay un paralelismo en los versos 7 al 10?
- Inventa una personificación con el río de la última estrofa.

TAREA 10. Para compartir

En las redes

Hoy en día, podemos disponer de gran cantidad de información sobre los libros y sobre las personas que los escriben a través de internet.

Muchos escritores y escritoras tienen sus propias páginas web. En ellas pueden hablar sobre los libros que publican, reproducir fragmentos de sus obras, comunicarse con el público...

Las editoriales también utilizan la red para promocionar sus novedades, por ejemplo, a través de los *booktrailers*, pequeños vídeos con los que tratan de captar el interés, adelantando determinadas informaciones sobre los libros que publican o destacando algunas de sus características.

Además, hay personas que cuelgan en internet vídeos en los que hablan sobre libros: son los *booktubers*. Muchos de los *booktubers* son jóvenes que opinan sobre los libros que han leído y comparten su pasión por la lectura con quienes los siguen en las redes o en los canales de vídeo.

1 **¿Cómo sueles buscar información sobre libros que quieres leer?**

- En la biblioteca
- En las librerías
- En internet
- Hablando con amigos y amigas
- Preguntando en clase

2 **Elige uno de estos libros e imagina de qué puede tratar y quiénes serán sus protagonistas.**

Inventa qué podrías decir de él para promocionarlo.

Puedes hablar sobre...

- Los personajes que aparecerán en el libro.
- Las peculiaridades del lugar donde se desarrolla la historia.
- El tipo de libro que es: de misterio, de aventuras...

3 **Elige un título para un canal de vídeo e inventa cómo presentarías ese canal al público que lo visitara.**

La isla de los cuentos | La estantería | Canal devora

4 **Graba un vídeo en el que recomiendes un libro para gente de tu edad siguiendo estas indicaciones:**

- Elige el libro del que vas a hablar. Tiene que ser uno que te haya gustado especialmente.
- Prepara un guion con lo que vas a contar: el título del libro, el autor o la autora, la editorial, de qué trata, por qué lo recomiendas...
- Ensaya un poco intentando poner expresividad y entusiasmo en lo que digas.

Compartid vuestros vídeos en clase.

Los clubs de lectura

El placer por la lectura es algo que se puede compartir. Una buena manera de hacerlo es formando parte de un club de lectura.

Un club de lectura es un grupo de personas que leen el mismo libro a la vez y que, cada cierto tiempo, se reúnen para comentar lo que han leído. No tienen que leer el libro juntos, sino que cada uno lo lee por su cuenta y luego lo comentan entre todos. ¡Así la experiencia de leer resulta mucho más enriquecedora!

5 **Vais a organizar vuestro club de lectura.**

Seguid estos pasos:

- Decidid quién coordinará las reuniones del club. Deberá encargarse de moderarlas.
- Pensad cada cuánto tiempo os vais a reunir. Puede ser una vez al mes, cada dos semanas...
- Haced entre todos una lista de posibles lecturas para el club. Podéis pedir consejo a vuestro profesor o profesora.
- Votad cuál de los libros de la lista os apetece más.
- Decidid la parte que leeréis para la primera reunión, si os fijaréis en algún aspecto del libro...

6 **Inventad un nombre para vuestro club de lectura.**

Haced un cartel para anunciarlo.

TALLER DE VOCABULARIO

FICHA 1. Palabras derivadas

Son **palabras derivadas** las que se han formado añadiendo una partícula al principio o al final de otra palabra. Por ejemplo: *descolocar* y *colocación* son palabras derivadas formadas a partir del verbo *colocar*.

- Las partículas que se añaden al comienzo de las palabras para formar otras palabras nuevas son prefijos: ***des****colocar*.
- Las partículas que se añaden al final de las palabras para formar otras palabras nuevas son sufijos: *coloca****ción***.

1 **Escribe sus nombres y di si son palabras derivadas y por qué.**

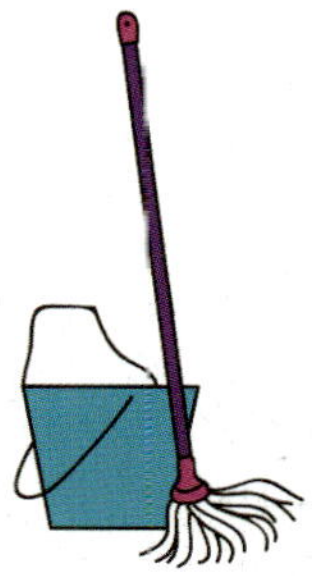

2 **Clasifica estas palabras derivadas según tengan prefijos o sufijos.**

- estudioso
- comercial
- sobrecarga
- comprensión
- reorganizar
- nevada
- imparcial
- anteayer

Di a partir de qué palabra se ha formado cada una.

3 **Explica cómo se forma la palabra derivada en cada caso.**

pescado ▶ pescadero | camión ▶ camioneta | contar ▶ recortar

Di qué significado aportan las partículas empleadas para crear esas palabras derivadas

4 **Escribe todas las palabras que puedas con los siguientes prefijos:**

- des-
- anti-
- pre-
- poli-
- im-
- sobre-

5 **Añade sufijos a estas palabras para formar otras nuevas:**

- comer
- verde
- coche
- feliz
- comprar
- árbol

6 **Forma palabras nuevas a partir del sustantivo *papel* añadiendo prefijos o sufijos.**

Explica el significado de las palabras que has formado.

Utiliza el diccionario para comprobar lo que has escrito.

FICHA 2. Prefijos

Los **prefijos** son partículas que se añaden al principio de algunas palabras para formar otras nuevas. Por ejemplo: *desaparecer*.

Los prefijos pueden aportar diferentes matices de significado a las palabras a las que se añaden. Por ejemplo:

- lugar o situación: ***ante**sala*, ***sub**suelo*…
- cantidad o intensidad: ***tri**ángulo*, ***hiper**sensible*…
- negación u oposición: ***im**par*, ***anti**deportivo*…

1 Copia la palabra de cada pareja que tiene prefijo.

azulado anormal	antigüedad antivirus	precocinar presionar	subasta suborden	revolver relatar

2 Completa con prefijos.

- La carretera de Villanueva es ✻ordinaria.
- El médico me recetó un fármaco ✻gripal.
- Inma leyó en voz alta las frases ✻rayadas.
- ¡Cuidado con la radiación ✻violeta!
- El viaje en barco fue bastante ✻agradable.

3 Identifica los prefijos y di qué significado crees que aportan.

- preescolar
- anteayer
- posguerra
- transoceánico
- antebrazo
- sobrevolar
- indivisible
- entreplanta
- bianual
- atípico

4 Copia las oraciones sustituyendo las palabras destacadas por sus antónimos.

- Estudiamos los animales **vertebrados**.
- Su habitación estaba muy **ordenada**.
- La carretera tiene una línea **continua**.
- Intentar convencerle resultó **útil**.
- Creo que ganar la carrera es **posible**.
- La solución me parece **acertada**.

Explica la regla ortográfica por la que se escribe el prefijo *im-* en lugar de *in-*.

5 Forma palabras anteponiendo al verbo *poner* estos prefijos:

re-	super-	contra-	im-

Explica el significado de las palabras que has formado.

FICHA 3. Sufijos para formar sustantivos

Muchos sufijos sirven para formar **sustantivos**, a partir de otras palabras ya existentes.

Algunos de los sufijos más usados para formar sustantivos son los siguientes:

-ista: *guitarra* ▶ *guitarrista*

-ero/-era: *carta* ▶ *cartero*

-idad: *generoso* ▶ *generosidad*

-ción: *cantar* ▶ *canción*

-eza: *extraño* ▶ *extrañeza*

-dor/-dora: *correr* ▶ *corredora*

1 Forma otros sustantivos a partir de estos utilizando los siguientes sufijos:

-ista | -ero/-era | -eza

- arte
- ganado
- firme
- ligero
- máquina
- percha
- puerta
- duro
- recepción

2 Escribe un verbo para cada dibujo.

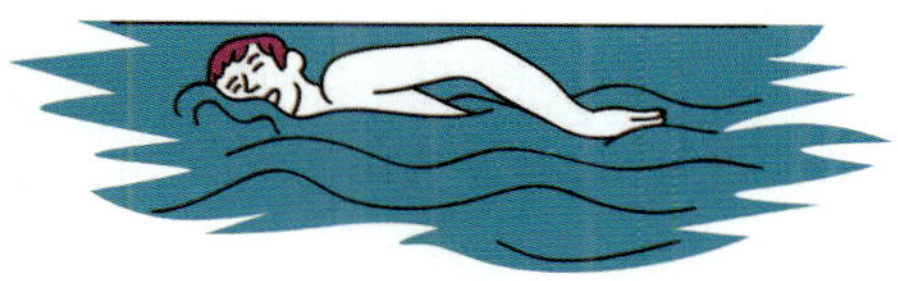

Forma el sustantivo que designa a la persona que realiza esas acciones.

3 Escribe el sustantivo que corresponde a cada definición.

- Recipiente para poner la fruta.
- Sentimiento de la persona feliz.
- Movimiento de la Tierra rotando sobre su eje.
- Lugar donde pueden aparcar los coches.

Rodea los sufijos que contienen esas palabras.

4 Indica de qué palabras derivan estos sustantivos con sufijo:

- periodista
- realización
- riqueza
- sinceridad
- cristalera
- pensamiento
- delicadeza
- jardinero

Di a qué clase pertenecen las palabras que has escrito: sustantivos, adjetivos o verbos.

5 Escribe oraciones con sustantivos formados a partir de las siguientes palabras.

Debes usar un sufijo diferente en cada caso.

- concentrar
- bello
- montaña
- baño
- nacer

FICHA 4. Sufijos para formar adjetivos

Una gran cantidad de sufijos se unen al final de algunas palabras para formar **adjetivos**. Algunos de estos sufijos son los siguientes:

-ble: *esperar* ▶ *esperable*

-oso/-osa: *amor* ▶ *amoroso*, *amorosa*

-al: *industria* ▶ *industrial*

Uno de los grupos de adjetivos más abundantes son los **gentilicios**, que sirven para indicar el lugar de procedencia. Para formarlos se emplean sufijos como *-ino/-ina*, *-es/-esa*, *-ano/-ana*, *-eño/-eña*...: *alicantina*, *barcelonés*, *cacereño*...

1 Forma adjetivos utilizando estos sufijos:

-ble ▶	• contar	• lavar	• justificar	• edificar	• variar
-oso/-osa ▶	• cariño	• capricho	• ruido	• aceite	• pasta
-al ▶	• semana	• primavera	• teatro	• genio	• provincia

2 ¿Qué dos sufijos se pueden añadir a la palabra *envidia* para formar dos adjetivos diferentes?

Escribe oraciones con esos adjetivos.

3 Observa estos símbolos del tiempo. ¿Cómo será un día con ese tiempo? Escribe adjetivos.

¿Cómo es un día con bochorno? ¿Y un día con niebla?

Comprueba los adjetivos que has escrito buscándolos en el diccionario.

4 Escribe el adjetivo que corresponde a cada definición.

Que es muy hábil.	Que se puede remediar.	Propio del otoño.

5 Forma gentilicios a partir de estos nombres de lugar:

- Albacete
- América
- Argentina
- Angola
- Francia
- Zaragoza
- Portugal
- Salamanca
- Berlín
- Venecia

FICHA 5. Sufijos para formar verbos

Algunos sufijos sirven para formar **verbos** a partir de otras palabras. Entre los sufijos más frecuentes para formar verbos se encuentran los siguientes:

-ear: *sabor* ▶ *saborear* — *-izar*: *final* ▶ *finalizar*

-ecer: *flor* ▶ *florecer* — *-ificar*: *plan* ▶ *planificar*

A veces, al añadir esos sufijos se producen cambios en las palabras originarias:

trozo ▶ *trocear* — *mordisco* ▶ *mordisquear*

1 **Forma verbos con los siguientes sufijos:**

-ear	-izar	-ecer	-ificar
carta	señal	favor	rama
olfato	hospital	oscuro	amplio
pedal	interior	húmedo	plástico

Elige un verbo de cada grupo y escribe una oración con él.

2 **¿A partir de qué palabra se ha formado cada verbo?**

trocear

hechizar

agujerear

clasificar

Explica el significado de cada verbo.

3 **Resuelve con ayuda del diccionario.**

- ¿Qué significan los verbos destacados en las siguientes oraciones?
- ¿De qué sustantivo crees que procede cada uno de esos verbos?

Eva **hojeó** la revista para ver si le gustaba.

Miguel **ojeó** la sala buscándome.

4 **Escribe un verbo a partir de cada sustantivo.**

- chorro
- pirata
- memoria
- símbolo
- escena

FICHA 6. Abreviaturas

Las **abreviaturas** son las formas acortadas con las que se escriben algunas palabras. Se forman suprimiendo varias de las letras de la palabra que se abrevia. Por ejemplo:

plaza ▶ *pza.* *sustantivo* ▶ *sust.*

Al final de las abreviaturas se suele escribir punto, excepto en unos pocos casos en los que se pone una barra. Por ejemplo:

calle ▶ *c/* *sin número* ▶ *s/n*

Las abreviaturas conservan las tildes de sus palabras de origen. Por ejemplo:

página ▶ *pág.* *máximo* ▶ *máx.*

1 Copia estas palabras junto a su abreviatura correspondiente:

- ayudante
- carretera
- descuento
- prólogo
- ayuntamiento
- ciudad
- departamento
- volumen

vol. ayto. ctra. dpto.
cdad. rpról. dto. ayte.

2 Indica a qué clases de palabras corresponden las siguientes abreviaturas:

adj. pron. prep. v. dem.

3 Investiga y averigua el significado de estas abreviaturas:

- etc.
- admón.
- ej.
- n.º
- tfno.
- Sra.

4 Copia sustituyendo las palabras destacadas por sus abreviaturas.

Ten en cuenta que las abreviaturas de las formas de tratamiento como *señor*, *señora*, *don* o *doña* se escriben con mayúscula.

- La **señora** Fernández vive en la misma casa que **doña** Rosa.
- El **señor** Ramírez saludó a **don** Pedro en la **puerta** del **ayuntamiento**.

5 Escribe las abreviaturas de estos lugares de una ciudad:

- calle
- paseo
- avenida
- plaza
- puente

6 ¿Qué significan las abreviaturas de estas fechas? Explica.

Año 17 a. C. Año 3 d. C.

FICHA 7. Extranjerismos

Los **extranjerismos** son palabras o expresiones tomadas de otras lenguas. Por ejemplo, la palabra *pizza* está tomada del italiano.

A veces los extranjerismos se mantienen igual que en su lengua de origen. Por ejemplo: *web*, *rock*. Otras veces, por el contrario, se adaptan a la ortografía de nuestra lengua. Por ejemplo: *fútbol* (del inglés *football*).

Se debe evitar el uso de un extranjerismo siempre que exista una palabra en castellano con el mismo significado.

1 **¿Qué palabras extranjeras conoces o usas habitualmente? Haced una lista entre todos y decid también de qué lenguas proceden esas palabras.**

Pensad si existe en castellano otra palabra con el mismo significado que esos extranjerismos.

2 **Relaciona los extranjerismos y sus equivalentes en castellano.**

- e-mail
- jeans
- hobby
- chef
- best-seller

- libro más vendido
- afición
- jefe de cocina
- vaqueros
- correo electrónico

3 **Explica con tus propias palabras el significado de estos extranjerismos:**

- show
- sushi
- leggins
- software
- córner
- delicatessen
- skater
- búnker
- robot
- sport

Por parejas, comentad lo que habéis escrito.

4 **Copia los extranjerismos que aparecen en estos dibujos y escribe su equivalente en castellano.**

5 **¿Cuál crees que es la lengua que más extranjerismos aporta actualmente? ¿Por qué?**

FICHA 8. Campo semántico

Un **campo semántico** es un grupo de palabras de la misma clase que comparten algún rasgo de su significado.

Por ejemplo, el campo semántico de los animales incluye sustantivos como *elefante*, *tigre*, *mariposa*, *cocodrilo*, *vencejo*...

1 Copia las palabras que pertenecen al campo semántico de los árboles.

El jardín botánico

El jardín botánico contiene algunos árboles autóctonos como el abeto, el roble, la encina y el nogal. Además, alberga ejemplares de otras especies exóticas como el baobab, la secuoya, una colección de bonsáis y un drago.

2 Señala la palabra que no pertenece al mismo campo semántico que el resto.

profesiones ▶	• ingeniero	• profesor	• jardinero	• enseñar
deportes ▶	• tenis	• hockey	• canasta	• natación
emociones ▶	• tristeza	• alegría	• lágrimas	• enfado
vehículos ▶	• camión	• volante	• bicicleta	• tren

3 Escribe todas las palabras que se te ocurran de los siguientes campos semánticos:

prendas de vestir

materiales de papelería

calzado

4 Di a qué campo semántico pertenecen las palabras de cada grupo y qué clase de palabras son.

• tacto	• olfato	• gusto	• oído	• vista
• verde	• rojo	• azul	• amarillo	• violeta
• saltar	• correr	• escalar	• nadar	• pedalear

5 Escribe oraciones con palabras del campo semántico de los fenómenos meteorológicos.

FICHA 9. Precisión léxica

Al hablar y escribir, hay que expresarse con **precisión**, es decir, hay que utilizar palabras de significado claro y exacto, para que se entienda bien lo que queremos decir y evitar interpretaciones erróneas. Para ello hay que tener en cuenta las siguientes indicaciones:

- Conviene evitar las palabras o expresiones demasiado genéricas, como *cosa* u *objeto*.
- No deben confundirse palabras de significado parecido que tienen matices distintos de significado. Por ejemplo: *pez* (animal) y *pescado* (alimento).

1 Elige la palabra más precisa para cada dibujo.

destornillador
herramienta

coche
vehículo

helecho
planta

electrodoméstico
lavadora

2 Sustituye la palabra destacada por otra menos genérica que tenga un significado más preciso.

- Lo encontré sentado bajo el **árbol**.
- Hoy hemos tomado **fruta** de postre.
- Se sentó en un cómodo **asiento**.
- Fui a la **tienda** y compré detergente.
- Juan es un famoso **deportista**.
- Tardaron un año en **hacer** el edificio.

3 Copia sustituyendo las palabras destacadas por otras de significado más preciso.

- Tengo un montón de **cosas** que resolver hoy por la mañana.
- Necesito un **chisme** para barrer el suelo.
- El artista **hizo** varios cuadros al óleo.

4 Completa cada oración con la palabra correcta.

pescado/pez ▶ En ese restaurante sirven un ______ exquisito.
dibuja/pinta ▶ Ese artista ______ unos preciosos cuadros al óleo.
barcas/barcos ▶ Al puerto llegan multitud de ______ de pasajeros.
puerco/cerdo ▶ Tomó un filete de ______.

5 ¿Qué palabra es más precisa: *olla* o *recipiente*? Explica por qué.

FICHA 10. Significado denotativo y connotativo

El **significado denotativo** de una palabra es el que aparece en los diccionarios. Por ejemplo, la palabra *artista* significa 'persona que se dedica a realizar obras de arte'.

El **significado connotativo** es el conjunto de ideas que una palabra sugiere a cada persona. Por ejemplo, la palabra *artista* puede hacer pensar a algunos en 'fama, exposiciones, viajes'...; mientras que a otros les puede sugerir 'belleza, creatividad'...

1 Explica qué te sugieren a ti las siguientes palabras:

bosque | televisión | piscina | música

Comentadlo en clase.

2 ¿Qué les puede sugerir la palabra *mar*? Añade dos palabras más en cada caso.

A un niño ▶ *diversión*

A un pescador ▶ *trabajo*

A una socorrista ▶ *peligro*

3 Lee y explica qué definición de mayúsculas se deduce del texto.

Las mayúsculas

El señorito le explicó que las mayúsculas eran algo así como los trajes de fiesta de las letras, pero Desi, la muchacha, porfió que para qué requerían las letras traje de fiesta y él respondió que para escribir palabras importantes como, por ejemplo, «Desi».

MIGUEL DELIBES. La hoja roja (Adaptación)

Explica lo que te sugiere a ti la palabra *mayúscula*.

4 Realiza las siguientes actividades sobre la palabra *deporte*:

- Busca en un diccionario su significado denotativo.
- Escribe el significado connotativo que tiene para ti.
- Explica por qué tiene para ti ese significado.

Por parejas, comparad el significado connotativo que le dais cada uno.

FICHA 11. Palabras tabú y eufemismos

Las **palabras tabú** son aquellas que evitamos decir porque son malsonantes o les resultan ofensivas a algunas personas. Por ejemplo: *gordo*.

Los **eufemismos** son las palabras o expresiones que se usan en lugar de las palabras tabú. Por ejemplo, en lugar del adjetivo *gordo*, referido a personas, se emplea el eufemismo *que tiene sobrepeso*.

1 ¿A qué palabra tabú corresponden los siguientes eufemismos?

- persona de edad avanzada
- persona de la tercera edad

2 Identifica en cada pareja la palabra tabú y el eufemismo.

conflicto armado guerra	crecimiento negativo pérdidas económicas	despidos recortes laborales

3 Explica el significado de los eufemismos destacados en esas oraciones:

- El médico visitó a sus pacientes del **centro psiquiátrico**.
- El **recluso** salió del **centro penitenciario** por buen comportamiento.
- Su **discapacidad física** le obliga a usar una silla de ruedas.
- Mateo está muy triste porque su mascota **pasó a mejor vida**.
- Este hombre es **poco agraciado**.

4 Reescribe estos titulares de prensa sustituyendo los eufemismos que aparecen en ellos por las palabras tabú que tratan de evitar.

El aumento del desempleo afecta principalmente a las familias **con menos recursos**

La misión en la zona del conflicto se desarrolló sin ocasionar **daños colaterales**

5 ¿Dónde se suelen poner símbolos como el de la imagen? Di el nombre con el que sueles referirte a ese lugar.

¿Qué palabra tabú se suele evitar para designar ese lugar?

6 Decid en voz alta palabras que os parezcan tabú.

Proponed entre todos eufemismos que se pueden usar para evitar esas palabras.

FICHA 12. Frases hechas

Una **frase hecha** es un grupo de palabras que en conjunto adquiere un significado distinto del de las palabras que lo forman. Por ejemplo, *arrimar el hombro* significa 'ayudar a alguien'.

Para consultar el significado de una frase hecha en el diccionario, hay que buscar el primero de los sustantivos que aparecen en ella; si no hay sustantivos, el primero de los verbos, y si no hay verbos, el primero de los adjetivos.

1 **Copia cada frase hecha junto a su significado.**

- Jugar con fuego.
- Pasar la noche en blanco.
- Tirar la casa por la ventana.
- Estar en Babia.
- Poner en tela de juicio.
- Traer cola.

- No enterarse de las cosas.
- No dormir en toda la noche.
- Dudar de la veracidad de algo.
- Arriesgarse a que suceda algo malo.
- Derrochar el dinero.
- Tener consecuencias.

2 **Copia las oraciones de significado similar.**

- La entrenadora del equipo es la que parte el bacalao.
- La entrenadora del equipo es la que se tira de los pelos.
- La entrenadora del equipo es la que lleva la batuta.

Identifica las frases hechas que aparecen en esas oraciones y explica su significado.

3 **¿Cuál de las siguientes frases hechas es sinónimo de *tener algo cerca*?**

tener a mano	tener las manos atadas	tener entre manos

Escribe una oración usando esa frase hecha.

4 **Completa las siguientes frases hechas y explica su significado.**

hacer una ______ de un grano de arena	dar ______ por liebre

5 **¿Qué palabra buscarías en el diccionario para consultar el significado de estas frases hechas?**

echar una mano	perder los papeles	a tontas y a locas

TALLER DE GRAMÁTICA

FICHA 1. El grupo nominal

Un **grupo nominal** es un conjunto de palabras que se agrupan en torno a un sustantivo: *la bicicleta roja*.

- La palabra más importante del grupo nominal es el sustantivo, que desempeña la función de **núcleo**: *la* ***bicicleta*** *roja*.
- El sustantivo suele llevar delante una palabra que lo concreta o determina. Esa palabra es el **determinante**. Son siempre determinantes los artículos: ***la*** *bicicleta roja*. Además, pueden ser determinantes algunos demostrativos, posesivos, numerales, indefinidos…: ***esta*** *casa*, ***mis*** *juguetes*, ***tres*** *libros*, ***alguna*** *pelota*…
- El sustantivo también aparece a veces acompañado por un adjetivo, que desempeña en el grupo nominal la función de **complemento**: *la bicicleta* ***roja***. Además, pueden funcionar como complementos otros grupos nominales introducidos por una preposición: *un día* ***de verano***.

1 Observa los dibujos y escribe los sustantivos que correspondan.

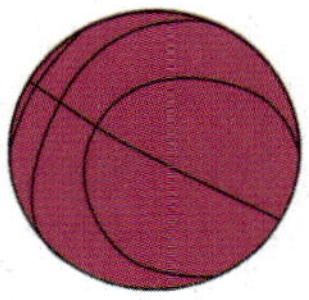

Añade un determinante y un adjetivo a cada sustantivo y forma grupos nominales.

2 Copia los grupos nominales de estas oraciones en tu cuaderno.

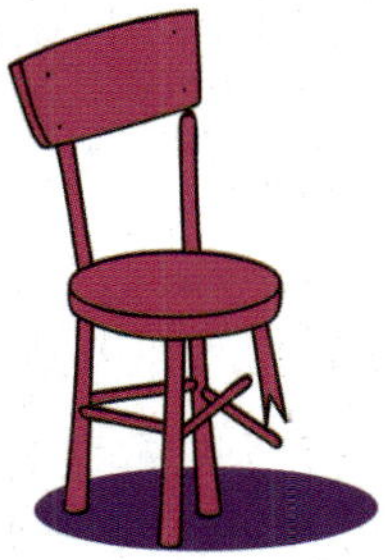

- Esa vieja silla tiene una pata rota.
- Mañana visitaremos un castillo medieval.
- ¿Tienes una regla flexible?
- Mi hermana ha leído dos libros muy interesantes.
- Ese artista pintó muchos cuadros.
- Una famosa escritora firmará su último libro mañana.

En cada grupo nominal subraya…

en negro, el núcleo	en rojo, el determinante	en azul, el complemento

3 ¿Qué grupos nominales hay en esta oración? Cópialos y di qué clases de palabras los forman.

Esta mañana los cocineros prepararon una suculenta comida.

4 Copia escribiendo sustantivos que puedan ser núcleos de estos grupos nominales.

- un ______ maravilloso
- aquella ______ inolvidable
- mis queridos ______
- dos ______ dulces
- este interesante ______
- un ______ de fiesta

5 Inventa grupos nominales en los que estos sustantivos funcionen como núcleos.

restaurante | camión | estantería | pintura

6 Localiza en el texto y copia en tu cuaderno.

- Un grupo nominal en el que aparezca solo un sustantivo.
- Un grupo nominal formado por un determinante y un sustantivo.
- Un grupo nominal que tenga un complemento delante del sustantivo.
- Un grupo nominal que contenga un complemento introducido por preposición.

Fiesta sorpresa

Carlota no sabía lo que iba a encontrarse. Había recibido una misteriosa invitación. Solo decía que se presentara allí disfrazada. Cuando le abrieron la puerta recibió una fantástica sorpresa: su amiga había organizado una fiesta de disfraces. ¡Lo iban a pasar genial!

7 Escribe dos grupos nominales con cada una de estas estructuras:

Núcleo + complemento | Determinante + núcleo | Determinante + núcleo + complemento

8 Jugad en clase a representar por gestos títulos de libros o de películas que sean grupos nominales.

Cuando adivinéis los títulos, escribidlos en la pizarra y rodead el sustantivo que funciona como núcleo de cada uno.

9 Analiza las palabras de estos grupos nominales.

Debes indicar qué clase de palabra es cada una, su género y su número.

- los asientos abatibles
- una fantástica actuación
- este día azul
- mis películas favoritas
- el campanario de la iglesia
- tres antiguos compañeros

FICHA 2. Los demostrativos

Los **demostrativos** son palabras que señalan a los seres u objetos y expresan la distancia a la que estos se encuentran de los hablantes: ***este*** *cachorro*, ***esas*** *chicas*, ***aquellas*** *flores*. Estas son sus formas:

	SINGULAR			PLURAL	
	Masculino	Femenino	Neutro	Masculino	Femenino
Cercanía	este	esta	esto	estos	estas
Distancia media	ese	esa	eso	esos	esas
Lejanía	aquel	aquella	aquello	aquellos	aquellas

Los demostrativos pueden desempeñar distintas funciones en el grupo nominal:

Determinante ▶ Cuando van delante del sustantivo: ***este*** *sillón*.

Complemento ▶ Cuando van detrás del sustantivo: *la fiesta* ***aquella***.

Núcleo ▶ Cuando forman ellos solos un grupo nominal: ***Esa*** *es la verdad*.

1 Clasifica los demostrativos de las siguientes oraciones según la distancia que expresan.

- Dotty se ha escondido tras aquel arbusto.
- Esta mañana he desayunado en el café de la esquina.
- Me gusta mucho ir a ese parque los domingos.
- Para el trabajo he seguido todas esas indicaciones.
- Aquellas vacaciones fueron inolvidables.
- Este abrazo ha servido para reconciliarnos.

CERCANÍA ▼ ______ DISTANCIA MEDIA ▼ ______ LEJANÍA ▼ ______

2 Copia y completa las siguientes oraciones con demostrativos:

- Elsa estará ocupada ______ semana.
- Cuéntame otra vez ______ cuento.
- He venido solo para ______.
- ______ avión vuela muy alto.
- ______ día me había levantado temprano.
- Me acuerdo mucho de ______ vacaciones.
- Me duele mucho ______ pierna.
- Alcánzame ______ libro de la estantería.

Comparad por parejas las oraciones que habéis escrito.

3 Por parejas, jugad a decir sustantivos y demostrativos que pueden acompañarlos.

4 **Escribe el nombre de varios objetos que veas a tu alrededor.**

Inventa oraciones con los nombres de esos objetos acompañados de demostrativos que expresen diferente distancia.

5 **Escribe los demostrativos que cumplen las siguientes condiciones:**

- Femenino singular, expresa lejanía.
- Masculino plural, expresa distancia media.
- Femenino plural, expresa cercanía.
- Neutro, expresa distancia media.

Ahora inventa oraciones usando los demostrativos que has escrito.

6 **Copia los demostrativos que funcionan como determinantes y di a qué sustantivos acompañan.**

- Aquel abrigo es muy caliente.
- Estas son mis mejores amigas.
- Este libro parece interesante.
- Quedamos en aquella esquina.
- Esto no tiene arreglo.
- En esa casa no vive nadie.

7 **Copia el demostrativo que funciona como núcleo.**

8 **Di qué función realiza el demostrativo en cada caso.**

- Este año será estupendo.
- Ese fue un año estupendo.
- El año aquel fue estupendo.

9 **Escribe oraciones usando los demostrativos neutros.**

Di qué función tienen esos demostrativos.

10 **Observad la ilustración y comentad en clase.**

- ¿Creéis que es adecuado referirse a alguien con las palabras *este*, *esta*, *ese* o *esa*?
- ¿De qué otra manera podría expresarse lo que dice el niño del dibujo?

FICHA 3. Los posesivos

Los **posesivos** son palabras que expresan que un ser u objeto pertenece a uno o varios poseedores: ***mis*** *juegos*, ***vuestra*** *casa*. Estas son sus formas:

		SINGULAR		PLURAL	
		Masculino	Femenino	Masculino	Femenino
Un poseedor	1.ª persona	mío, mi	mía, mi	míos, mis	mías, mis
	2.ª persona	tuyo, tu	tuya, tu	tuyos, tus	tuyas, tus
	3.ª persona	suyo, su	suya, su	suyos, sus	suyas, sus
Varios poseedores	1.ª persona	nuestro	nuestra	nuestros	nuestras
	2.ª persona	vuestro	vuestra	vuestros	vuestras
	3.ª persona	suyo, su	suya, su	suyos, sus	suyas, sus

Los posesivos desempeñan diferentes funciones en el grupo nominal:

- Determinante ▶ Cuando van delante del sustantivo: ***sus*** *ideas*.
- Complemento ▶ Cuando van detrás del sustantivo: *una amiga* ***mía***.
- Núcleo ▶ Cuando aparecen en lugar del sustantivo: *La silla roja es la* ***suya***.

1 Copia los posesivos de estas oraciones e indica su género y número.

- Me gustan mucho sus dibujos.
- Mi cuaderno y el tuyo son de la misma marca.
- Esa canción nuestra ha sonado todo el verano.
- Vuestros trabajos están muy bien hechos.
- Finalmente, Carlota no pudo venir a mi casa.
- La cazadora negra con capucha es mía.

2 Escribe posesivos con las siguientes características:

- Un poseedor, 2.ª persona, femenino, singular.
- Varios poseedores, 1.ª persona, masculino, plural.
- Un poseedor, 1.ª persona, femenino, plural.
- Varios poseedores, 3.ª persona, masculino, singular.

3 Escribe los análisis posibles del posesivo *su* y pon ejemplos.

Tienes que indicar si puede ser de uno o varios poseedores, qué persona puede expresar y qué género y número puede tener.

4 Escribe un grupo nominal relacionado con cada uno de los dibujos. En cada grupo nominal tiene que haber un posesivo.

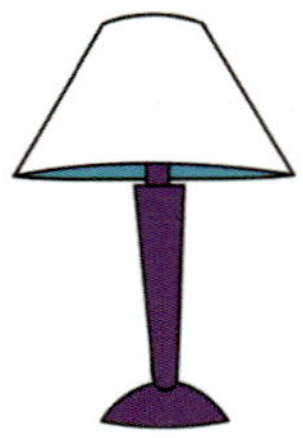

5 Haz en tu cuaderno una tabla como la de la página anterior y clasifica los posesivos de este texto:

Un correo electrónico

Hola, Martina:

¿Te has recuperado de tu resfriado? Espero que estés mejor.

Te escribo para hablarte de mis avances en nuestro trabajo sobre el arte egipcio. Mi parte está casi terminada, así que puedo ayudarte con la tuya. Si todavía no te has recuperado del todo, puedo ir a tu casa.

Otra cosa: ayer vi a David y le he pedido ese libro suyo sobre las pirámides. Creo que tiene mucha información.

Un beso. ¡Nos vemos pronto!

6 Analiza los siguientes grupos nominales.

Tienes que dar la siguiente información sobre cada palabra:

- Qué tipo de palabra es: sustantivo, artículo, posesivo, adjetivo...
- Qué género y número tiene.
- Si es un posesivo, a qué persona pertenece y si indica uno o varios poseedores.
- Qué función tiene en el grupo nominal: determinante, núcleo o complemento.

nuestra casa — tu coche nuevo

la tuya — un trabajo mío

asunto suyo — sus mejores galas

7 Escribe oraciones en las que aparezcan posesivos con estas características:

- Femenino plural y con función de complemento.
- Tercera persona y con función de determinante.
- Para varios poseedores y con función de núcleo del grupo nominal.
- Para un poseedor, de segunda persona del singular y función de determinante.

8 Escribe un breve texto sobre tu familia en el que utilices posesivos de primera, segunda y tercera persona.

FICHA 4. Los numerales y los indefinidos

Los **numerales** son palabras que expresan cantidad u orden de manera precisa. Pueden ser **cardinales** y **ordinales**.

Cardinales ▶ Expresan cantidades exactas: ***tres** semanas*

Ordinales ▶ Expresan orden: ***cuarta** convocatoria.*

Los numerales desempeñan diferentes funciones en el grupo nominal:

Determinante ▶ *Enviaron **cuarenta** paquetes*.

Complemento ▶ *Vive en la planta **tercera***.

Núcleo ▶ *Llegó a la meta la **segunda***.

1 Observa bien el cuadro, estudia los ordinales que no conozcas y copia en tu cuaderno los que faltan.

1.º ▶ primero	11.º ▶ undécimo	26.º ▶
2.º ▶ segundo	12.º ▶ duodécimo	28.º ▶
3.º ▶ tercero	13.º ▶ decimotercero	30.º ▶ trigésimo
4.º ▶ cuarto	14.º ▶ decimocuarto	31.º ▶ trigésimo primero
5.º ▶ quinto	15.º ▶	33.º ▶
6.º ▶ sexto	18.º ▶ decimoctavo	37.º ▶
7.º ▶ séptimo	19.º ▶	40.º ▶ cuadragésimo
8.º ▶ octavo	20.º ▶ vigésimo	49.º ▶
9.º ▶ noveno	21.º ▶ vigesimoprimero	50.º ▶ quincuagésimo
10.º ▶ décimo	22.º ▶	51.º ▶

Escribe los números que corresponden a los siguientes ordinales:

sexagésimo | septuagésimo | octogésimo | nonagésimo | centésimo

2 Copia los numerales y clasifícalos.

- Estas dos plantas tienen muchas flores.
- Me gustó más la primera parte de la película.
- Esta mañana hemos recibido cinco encargos.
- A primera hora había ya veinte personas.

3 Copia estas oraciones e indica qué función desempeña cada numeral.

- Volveré en dos horas.
- Vivo en el piso séptimo.
- Soy el segundo de la lista.

Los **indefinidos** son palabras que expresan cantidad o existencia de manera imprecisa: ***alguna*** *compañera*, ***pocos*** *árboles*. Estos son algunos de los indefinidos más frecuentes:

SINGULAR		PLURAL	
Masculino	**Femenino**	**Masculino**	**Femenino**
algún, alguno	alguna	algunos	algunas
ningún, ninguno	ninguna	ningunos	ningunas
poco	poca	pocos	pocas
mucho	mucha	muchos	muchas
demasiado	demasiada	demasiados	demasiadas

También son indefinidos *alguien*, *nadie* y *cualquiera.*

Los indefinidos desempeñan diferentes funciones en el grupo nominal:

Determinante ▶ *Llegaron* ***algunas*** *personas*.

Complemento ▶ *Lee un libro* ***cualquiera.***

Núcleo ▶ *Ha llamado* ***alguien.***

4 **Copia y completa con indefinidos.**

- No pudimos encontrar ▬▬ taxi.
- Había ▬▬ gente en la cola del cine.
- Me apetece leer ▬▬ libro.
- Eva come pescado ▬▬ veces a la semana.

5 **Analiza morfológicamente las palabras de estos grupos nominales:**

- demasiadas galletas
- cinco reglas
- pocos libros
- el primer puesto
- mis dos hermanas
- este sexto curso

6 **Copia sustituyendo los numerales por indefinidos.**

Alejandra tenía setenta y cinco canicas, pero perdió cinco en el parque.

7 **Inventa preguntas que se puedan responder con estos grupos nominales:**

- Un día cualquiera.
- Demasiadas veces.
- Nadie.

Escribe qué función tiene el indefinido en cada grupo nominal.

FICHA 5. Los pronombres personales

Los **pronombres personales** son palabras que sirven para nombrar a las personas, los animales o las cosas sin emplear un sustantivo: *yo*, *tú*, *lo*…

Las formas de los pronombres personales son las siguientes:

		PRIMERA PERSONA	SEGUNDA PERSONA	TERCERA PERSONA
SINGULAR	Tónicos	yo, mí, conmigo	tú, usted, ti, contigo	él, ella, sí, consigo
	Átonos	me	te	se, lo, la, le
PLURAL	Tónicos	nosotros, nosotras	vosotros, vosotras, ustedes	ellos, ellas, sí, consigo
	Átonos	nos	os	se, los, las, les

1 **Lee atentamente el cuadro con las formas de los pronombres personales. Luego cierra el libro y reprodúcelo de memoria en tu cuaderno.**

Cuando hayas terminado, vuelve a abrir el libro y compara los dos cuadros.

2 **Clasifica los pronombres que hay en estas oraciones según la persona que expresan.**

- Tú nunca te enfadas conmigo.
- Yo a veces coincido con él.
- Mi hermana se parece a mí.
- ¿Vosotras les habéis dado ya todo?
- Ella nos ha preparado una empanada.
- Te lo dije ayer
- Trajo consigo su guitarra.
- Me la voy a comprar mañana.

3 **Sustituye por sustantivos los pronombres personales de estas oraciones:**

- El cantante les firmó un autógrafo.
- Ellas nacieron en Buenos Aires.
- Charo los ha comprado.
- La cartera trajo una carta para él.

4 **Completa las oraciones con pronombres personales.**

- ______ hablaste muy bien.
- ¿______ prestas tu bolígrafo?
- ______ vi muy contentos.
- ______ traeréis la cartulina.
- Sus amigas volvieron con ______.
- Vendrá a la exposición ______.

Clasifica los pronombres que has escrito en tónicos y átonos.

5 Inventa oraciones en las que aparezcan pronombres con las siguientes características:

- Pronombre personal átono de 1.ª persona, singular.
- Pronombre personal átono de 3.ª persona, plural.
- Pronombre personal tónico de 2.ª persona, plural.
- Pronombre personal tónico de 3.ª persona, singular, con tilde.

6 Copia las oraciones poniendo en plural los pronombres personales.

- Yo te espero a la salida.
- No lo conozco tanto como a ti.
- La pusieron junto a mí.
- ¿Hasta cuándo te lo vas a quedar?

7 Completa los carteles con pronombres personales átonos.

Ten en cuenta que si van detrás del verbo los pronombres átonos se escriben unidos a él.

EL MEDIOAMBIENTE
ES PATRIMONIO DE TODOS.
¡AYÚDA____
A CUIDAR____!

NO ____ OLVIDES:
EL AGUA ES UN RECURSO LIMITADO.
¡NO ____ MALGASTES!

8 Inventa el eslogan de una campaña publicitaria para concienciar de que mantener la limpieza en las calles es responsabilidad de toda la ciudadanía.

Debes incluir un pronombre personal en tu eslogan.

9 Copia los pronombres personales que aparecen en el texto y analízalos morfológicamente según el ejemplo.

Después del partido

Luisa y yo estábamos en un banco cuando pasaron delante de nosotros un chico y una chica botando un balón.

–¡Eh! –les dije–, creo que os conozco.

Uno de ellos se nos quedó mirando y exclamó:

–¡Claro! Nos habéis dado una buena paliza.

–En el partido anterior, ganasteis vosotros –le dije.

Y estuvimos un rato comentando las jugadas.

Ejemplo: *les* ▶ *pronombre personal átono de tercera persona, plural.*

FICHA 6. El verbo

Los **verbos** son palabras que expresan acciones y las sitúan en el tiempo. Cada verbo tiene diferentes formas: *salto*, *saltaré*, *hemos saltado*... La forma que sirve para nombrar al verbo es el **infinitivo**: *saltar*.

Las formas de un verbo se agrupan en **tiempos verbales**: presente, pretérito imperfecto, futuro simple... El conjunto de todas las formas de un verbo es su **conjugación**.

Las formas verbales constan de raíz y desinencia.

- La **raíz** se obtiene quitándole al infinitivo la terminación *-ar*, *-er* o *-ir*: ***salt****ar*.
- La **desinencia** es la terminación que se añade a la raíz: *salt****é***, *salt****aré***...

Los verbos que no mantienen la misma raíz en toda su conjugación o toman en algunas formas desinencias distintas de las del verbo modelo de su conjugación son **verbos irregulares**. Para saber si un verbo es irregular basta con conjugar la primera persona del presente de indicativo, la tercera del pretérito perfecto simple y el futuro simple de indicativo.

1 **Estudia o repasa las conjugaciones del Apéndice de gramática cuando te lo indique tu profesor o profesora.**

2 **Escribe una lista lo más larga que puedas de acciones que realizas cada día. Usa el infinitivo de los verbos.**

Indica a qué conjugación pertenece cada infinitivo.

3 **Separa la raíz y la desinencia de estas formas verbales y di por qué son regulares.**

- hablabas
- comerían
- partimos
- subieron
- escribáis
- pensaré
- descanséis
- confundí
- espiáis
- borran

Explica por qué son regulares estas formas verbales..

4 **Identifica las formas verbales y explica por qué son irregulares.**

- Tú siempre tienes hambre.
- Nosotros saldremos de paseo.
- Pusiste los refrescos en la nevera.
- Tú juegas muy bien al baloncesto.

5 **Copia y completa las oraciones con verbos defectivos.**

Los **verbos defectivos** son aquellos en cuya conjugación faltan algunas formas, como *llover*, *amanecer*, *ocurrir*...

- ______ y se llenaron los pantanos.
- Todos los días ______ algo bueno.
- Hoy ______ a las siete y media de la tarde.
- Ayer ______ en las zonas montañosas.

Las formas verbales aportan las siguientes informaciones:

Persona ▶ Primera (*saltaba*), segunda (*saltabas*) o tercera (*saltaba*).

Número ▶ Singular (*saltas*) o plural (*saltáis*).

Tiempo ▶ Presente (*salto*), pasado (*salté*) o futuro (*saltaré*).

Modo ▶ Indicativo (*saltáis*), subjuntivo (*saltéis*) o imperativo (*saltad*).

Además, las formas verbales expresan si la acción está acabada (*salté*) o inacabada (*saltaba*). Expresan acción acabada las formas de tiempos perfectos y acción inacabada las formas de tiempos imperfectos. Son tiempos perfectos los tiempos compuestos y el pretérito perfecto simple.

Hay formas verbales que no dan información sobre la persona. Son las formas no personales: el infinitivo, el gerundio y el participio.

6 Copia las formas verbales de estas oraciones e indica la persona y el número de cada una.

- Alba y tú estudiáis siempre juntas.
- Ahora escuchan la entrevista.
- ¿Subes las bolsas a casa?
- Yo volveré el sábado de viaje.
- Mediremos el sofá del salón.
- Comprendió todo enseguida.

7 Clasifica las formas verbales del texto según el tiempo que expresan.

Tana, mi perra

Tana es una perra estupenda. Llegó en enero a casa y ya se ha hecho imprescindible para todos. Mi padre nunca había querido un animal de compañía. Sin embargo, ¡está muy contento! El sábado iremos al campo. ¡Seguro que lo pasaremos fenomenal!

8 Fíjate en estas oraciones e indica el modo en el que están los verbos.

- Levantad los brazos más alto.
- Ella cogió el balón de fútbol.
- Quizás estudie un idioma.
- Recuerdo un cuento bonito.

9 Escribe y di en qué modo están los verbos que has escrito.

Una orden afirmativa.	Una orden negativa.	Un deseo.

10 Analiza estas formas verbales siguiendo el ejemplo:

- competiré
- hablarais
- habrías escrito
- nadarías
- durmió
- he dudado
- habremos ido
- avanzad

Ejemplo: *competiré* ▶ *1.ª persona del singular del futuro de indicativo del verbo* competir.

FICHA 7. El adverbio

Los **adverbios** son palabras que expresan circunstancias:

Lugar ▶ *aquí*, *cerca*, *dentro*... Tiempo ▶ *hoy*, *pronto*, *ahora*...

Modo ▶ *bien*, *así*, *despacio*... Cantidad ▶ *poco*, *todo*, *más*...

También son adverbios las palabras que expresan afirmación (*sí*, *también*), negación (*no*, *tampoco*) o duda (*quizás*, *acaso*).

Los adverbios pueden desempeñar las siguientes funciones:

Complemento de un verbo ▶ *Amelia está* ***aquí****. Ella duerme* ***poco****.*

Modificador de un adjetivo ▶ *Eva es* ***muy*** *fuerte. Esta casa es* ***más*** *bonita.*

Modificador de un adverbio ▶ *Esto está* ***bastante*** *bien. Llegó* ***muy*** *pronto.*

1 Subraya los adverbios y clasifícalos según la circunstancia que expresan.

- A Pablo y María les sale bien la tarta de chocolate.
- Los coches circulaban despacio por la carretera.
- Ayer recibimos la contestación del colegio.
- Luis está trabajando aquí con nosotras.
- Rosa quiere más zumo de naranja.
- Hay un magnífico restaurante cerca.

LUGAR ▼ MODO ▼ TIEMPO ▼ CANTIDAD ▼

2 Añade a cada oración un adverbio de la clase que se indica.

LUGAR
- Están tus muñecos.
- Me dejé las gafas.

TIEMPO
- Iré a visitarte a tu casa.
- Me voy a la playa.

MODO
- Ella resolvió el acertijo.
- Deletrea los nombres.

CANTIDAD
- Yo camino por el parque.
- Vemos la televisión.

3 Sustituye por un adverbio las palabras destacadas en cada oración.

Ten en cuenta que los adverbios son palabras invariables.

- Ese recorrido no se había hecho **ninguna vez** en bicicleta.
- Como no le gusta, suele comer **una escasa cantidad**.
- **En este momento** iba a llamarte por teléfono a tu casa.
- Escribió la lista de la compra **a toda velocidad**.
- Llegaron **antes de la hora** a la función de fin de curso.

4 **Responde cada pregunta con un adverbio y di de qué clase es cada uno.**

¿Cuánto lees?

¿Cuándo tienes clase de inglés?

¿Qué tal te queda la camiseta?

¿Te gusta el helado?

¿Cómo lo pasaste en el parque?

5 **Inventa y escribe tres oraciones.**

Deben contener un adverbio de afirmación, otro de negación y otro de duda.

6 **Copia y completa las oraciones con adverbios acabados en *-mente* que expresen el significado que se indica.**

Ten en cuenta que la mayoría de los adverbios acabados en *-mente* son adverbios de modo.

Con alegría ▶ Tomó la decisión _____, sin darle importancia.

Con celeridad ▶ Vio pasar a Estrella _____ y no le dijo nada.

Con habilidad ▶ Logró esquivar la pregunta _____.

Por completo ▶ Cerró la puerta _____ para que no entrara nadie.

7 **Identifica los adverbios, rodea las palabras a las que complementan y di qué función desempeñan.**

8 **Sustituye el adverbio de cada oración por otro diferente.**

- Yo también leí el libro.
- Ana caminaba deprisa.
- Pronto tendrás buenas noticias.
- La fiesta se celebrará aquí.
- Mis amigas llegarán luego.
- Tus primos estudian bastante.
- Mañana iremos al cine.
- Yo tampoco sé la respuesta.

9 **Alarga estas oraciones añadiendo dos adverbios a cada una.**

El profesor repetirá la explicación.

Las niñas harán los ejercicios.

FICHA 8. Enlaces e interjecciones

Los **enlaces** son palabras que unen o relacionan entre sí otras palabras o grupos de palabras. Funcionan como enlaces las preposiciones y las conjunciones.

- Las **preposiciones** unen unas palabras o grupos de palabras con otras a las que complementan: *leche* ***con*** *azúcar*, *resultado* ***de*** *los partidos*.
- Las **conjunciones** unen palabras o grupos de palabras que no dependen unos de otros: *noche* ***y*** *día*, *bonito* ***pero*** *caro*, *hoy* ***o*** *mañana*. Hay distintas clases de conjunciones:

  Copulativas ▶ Dan idea de suma o acumulación: *y*, *e*, *ni*.

  Disyuntivas ▶ Dan idea de opción: *o*, *u*.

  Adversativas ▶ Dan idea de contraposición: *pero*, *sino*.

1 **Recuerda la lista de preposiciones. Luego, escríbela sin mirar el libro.**

a, ante, bajo, con, contra, de, desde, durante, en, entre, hacia, hasta, mediante, para, por, según, sin, sobre, tras

2 **Copia las oraciones, rodea las preposiciones y subraya las conjunciones.**

- El gato se escondió entre las macetas de la terraza y maulló.
- O hablas más fuerte o la abuela no te oye.
- Caerás sobre la colchoneta y no te harás daño.
- No fuiste tú, sino ella, quien cruzó desde la otra acera.
- No comimos ni bebimos nada hasta la hora de la cena.
- Estoy cansada, pero daré una vuelta con el perro.

Indica de qué tipo es cada una de las conjunciones que has identificado.

3 **Completa las oraciones empleando una preposición distinta en cada caso.**

- Lleva una bufanda ______ rayas.
- Fueron de viaje ______ Canarias.
- Hice un recorrido ______ bicicleta.
- El gato está ______ la mesa.
- Le gusta la leche ______ azúcar.
- Está leyendo un libro ______ plantas.
- Necesito jarabe ______ la tos.
- Corrimos ______ dos horas.

4 **Completa con las formas contractas *al* y *del*.**

Ten en cuenta que están formadas por una preposición y un artículo.

5 Copia y completa con las conjunciones adecuadas.

Ten en cuenta que delante de las palabras que empiezan por *i* o *hi* la conjunción *y* se escribe *e*: *madre e hijo*. Y delante de las palabras que empiezan por *o* u *ho* la conjunción *o* se escribe *u*: *uno u otro*.

- ______ te quedas de pie ______ ocupas el asiento del fondo de la sala.
- Me han prestado aguja ______ hilo para coser, ______ no sé.
- Padre ______ hija no llegaron el martes, ______ el miércoles.
- Un día ______ otro aprenderá a leer ______ escribir correctamente.

Indica de qué tipo es cada una de las conjunciones que has empleado.

6 Inventa oraciones sobre los dibujos que contengan una preposición y una conjunción.

Las **interjecciones** son una clase especial de palabras que sirven para expresar impresiones o sentimientos (dolor, sorpresa, miedo…): *¡Ay!*, *¡Uf!*, *¡Oh!*, *¡Lástima!*, *¡Bravo!*…

También pueden servir para saludar, despedirse, expresar acuerdo, llamar la atención del interlocutor…: *¡Hola!*, *¡Adiós!*, *¡Ajá!*, *¡Eh!*…

Las interjecciones suelen formar enunciados exclamativos o interrogativos independientes.

7 Completa estas oraciones con interjecciones adecuadas:

- ¡______! ¡Alto ahí!
- ¡______! Buenos días a todos.
- ¡______! ¡Qué daño me he hecho!
- Me voy ya. ______.
- ¡______! ¡Qué lástima!
- ¡______! Lo siento mucho.

8 Di qué impresión o sentimiento expresa cada una de estas interjecciones:

¡Bravo! ¡Ajá! ¡Puaj! ¡Guau!

9 Escribe un texto sobre algo que te gustaría hacer en el que incluyas al menos tres interjecciones.

FICHA 9. La oración. El sujeto

Las **oraciones** son grupos de palabras ordenadas con sentido completo que contienen al menos una forma verbal: *Los árboles dieron muchos frutos*.

Las oraciones tienen dos partes: **sujeto** y **predicado**.

Sujeto ▶ Es la persona, animal o cosa de la que se dice algo: ***El tren*** *iba lento.*

Predicado ▶ Es lo que se dice del sujeto: *El tren* ***iba lento****.* El núcleo del predicado es un verbo.

1 Copia las oraciones que contiene el siguiente texto:

Visita con historia

Ayer mis amigos y yo visitamos un antiguo castillo. El edificio está muy bien conservado. Lo recorrimos entero. Bajamos también a sus oscuras y húmedas mazmorras. ¡Qué lugar tan horroroso!

2 Ordena y escribe oraciones.

amigas	en	ayer	la
casa.	Mis	tarde	pasaron

viven	nuevos	en	tercer
el	piso.	Los	vecinos

hojas	El	todas	blanco.
tiene	en	cuaderno	las

empieza	novela	un	con
diálogo	muy	La	divertido.

Rodea el verbo que contiene cada oración.

3 Escribe un predicado para cada sujeto y forma oraciones.

- La tienda de la esquina ______
- Un viejo puente de piedra ______
- Algunos libros ______
- El arroyo de la montaña ______

4 Inventa un sujeto para cada predicado.

- ______ pasa el verano en la playa.
- ______ interpretó una bonita canción.
- ______ rodeaba el jardín de la casa.
- ______ ganó el campeonato.

5 Copia las oraciones y marca el sujeto y el predicado.

Para reconocer el sujeto, puedes preguntar al verbo *¿quién?* o *¿quiénes?*

- La vieja guitarra tiene las cuerdas rotas.
- Esta bufanda da mucho calor.
- Mi bolsa de deportes pesa bastante.
- El anuncio salió en todos los periódicos.

La función de **sujeto** la suele desempeñar un grupo nominal. Por eso, el núcleo del sujeto suele ser un sustantivo o un pronombre: *La* ***película*** *empieza a las seis.* ***Tú*** *conoces la respuesta.*

El núcleo del grupo nominal puede aparecer acompañado de un determinante o de una palabra o grupo de palabras que funcionan como complementos.

SUJETO			PREDICADO
La	*flor*	*roja*	*huele muy bien.*
Det.	N	Compl.	

SUJETO			PREDICADO
Las	*flores*	*del jardín*	*huelen muy bien.*
Det.	N	Compl.	

A veces el sujeto de la oración no aparece expreso y es un **sujeto tácito** u omitido. En esos casos es la forma verbal la que permite saber cuál es el sujeto: *Sabes muchísimas cosas* (*Tú*).

6 **Copia el sujeto de cada oración y analízalo.**

Debes marcar en cada caso el núcleo, el determinante y el complemento.

La joven ciclista llegó a la meta en solitario.

Varios barcos de vela participan en la regata.

7 **¿Qué oraciones tienen sujeto tácito? Cópialas.**

- Os esperaremos en la puerta del cine.
- Alguien ha preguntado por ti.
- El examen constaba de cinco preguntas.
- Habéis tenido una idea genial.
- Dime la verdad.
- La calle peatonal estaba llena de gente.

Escribe el sujeto de esas oraciones.

8 **Escribe una oración con cada verbo.**

ayudar | brotar | organizar | construir

Di qué tipo de sujeto tiene cada oración.

9 **Inventa una oración que cumpla cada condición.**

- Que tenga como sujeto un grupo nominal formado por determinante, núcleo y complemento.
- Que tenga un sujeto tácito y el núcleo del predicado sea una forma verbal compuesta.

FICHA 10. Clases de predicado. El atributo

Según el tipo de verbo, se distinguen dos clases de predicados: **predicado nominal** y **predicado verbal**.

Predicado nominal ▶ Contiene un verbo copulativo (*ser*, *estar* o *parecer*): *Nuestra casa es pequeña.*

Predicado verbal ▶ Tiene como núcleo un verbo distinto de *ser*, *estar* o *parecer*: *La ciudad tiene muchos habitantes.*

Las oraciones de predicado nominal son **oraciones copulativas**. Las oraciones de predicado verbal son **oraciones predicativas**.

1 Copia los predicados de las siguientes oraciones y subraya los verbos.

- Nuestro colegio tiene un gran gimnasio.
- El sábado comeremos en el campo.
- Muchas personas visitaron nuestro país.
- Ese libro ha recibido importantes premios.
- La ventana de esa habitación cierra mal.
- Las estrellas brillan en la noche oscura.

¿Qué tipo de predicados son? ¿Cómo se llaman las oraciones que contienen ese tipo de predicados?

2 Di qué tipo de predicado tiene cada oración.

- Los árboles del parque han perdido ya sus hojas.
- Esa playa es estupenda para la práctica del surf.
- Un zorro cruzó la carretera.
- Esa planta tan bonita parece una orquídea.
- La nueva directora está muy bien preparada.
- Nadie había presenciado nunca un hecho parecido.

Clasifica las oraciones anteriores.

Oraciones predicativas ▶

Oraciones copulativas ▶

3 Jugad por parejas a inventar oraciones predicativas.

Un miembro de la pareja dirá un verbo para que el otro invente la oración. Luego, intercambiaréis los papeles.

Leed en clase las oraciones que habéis inventado.

4 Escribe predicados nominales para estos sujetos:

- El avión
- El viejo puente
- El paraguas
- Mi habitación
- La lluvia
- La veterinaria

Ahora, inventa y escribe predicados verbales para los mismos sujetos.

En el predicado nominal hay, fundamentalmente, dos elementos: el verbo copulativo y el atributo.

El **atributo** es un complemento que expresa una cualidad o un estado del sujeto. La función de atributo la suele desempeñar un adjetivo o un grupo nominal:

Él [PREDICADO NOMINAL: *parece* (V. cop.) *asustado.* (Atrib.)]

Ellas [PREDICADO NOMINAL: *son* (V. cop.) *las invitadas.* (Atrib.)]

Además del atributo, en el predicado nominal pueden aparecer otros complementos:

Ellos [PREDICADO NOMINAL: *estaban* (V. cop.) *tranquilos* (Atrib.) *allí.* (Compl.)]

5 Copia y completa estas oraciones copulativas añadiendo un atributo:

- El bosque está ____.
- La natación es ____.
- El gato está ____.
- La Luna parece ____.
- Mis vecinos son ____.
- El examen parecía ____.

6 Inventa dos oraciones copulativas con cada verbo.

Procura no usar en todos los casos el mismo tiempo verbal ni formas con la misma persona y número.

ser | estar | parecer

7 Lee estos versos formados por una oración copulativa y copia.

Pensamiento breve

Entre las flores,
los pensamientos
son de colores.

ANTONIO RUBIO

- el sujeto ▶ ____
- el verbo copulativo ▶ ____
- el atributo ▶ ____

8 Analiza estas oraciones copulativas.

Fíjate en los ejemplos del cuadro informativo e identifica el sujeto, el predicado nominal, el verbo copulativo, el atributo y el complemento, si lo hay.

Ten en cuenta que el atributo puede sustituirse por *lo*: *Él parece* ***asustado***. ▶ *Él* ***lo*** *parece*.

- Este pantalón está muy nuevo.
- Mi madre es médica en este pueblo.
- Nuestro equipo será el ganador.
- La calle está vacía a estas horas.
- Tu habitación parece una leonera.
- Esos chicos parecen amigos.

FICHA 11. El complemento directo

La palabra más importante del predicado verbal es el verbo, que realiza la función de **núcleo**. Puede ser núcleo del predicado verbal cualquier verbo, excepto los copulativos *ser*, *estar* y *parecer*.

Generalmente, el verbo aparece con uno o varios grupos de palabras que funcionan como **complementos**:

SUJETO	PREDICADO		
La niña	*veía*	*la Luna*	*desde su cama.*
	N	Compl.	Compl.

Son complementos del verbo el complemento directo, el complemento indirecto y el complemento circunstancial.

El **complemento directo** (CD) nombra a la persona, animal o cosa que recibe la acción del verbo:

El hombre	*cogió*	***su bicicleta.***
	N	CD

La función de complemento directo la desempeña el grupo nominal. Si designa a una persona, suele ir precedido de la preposición *a*: *Yo llamé* ***a mi amiga***.

1 **Copia el predicado de las siguientes oraciones e identifica el verbo que funciona como núcleo.**

- El autobús ha llegado ya al destino.
- El público aplaudió a los actores.
- María ha invitado hoy a sus primos.
- El río lleva mucha agua en primavera.
- Esas montañas tienen nieve todo el año.
- Una científica ha dado una conferencia.

Subraya los complementos.

Ten en cuenta que en algunas oraciones hay más de un complemento del verbo.

2 **Copia y completa añadiendo un complemento en cada caso.**

- Las deportistas entrenan ______.
- Ese dibujo representa ______.
- Nadie ha llamado ______.
- Los clientes compraron ______.
- Los periódicos publicaron ______.
- Algunas personas esperan ______.

3 **Escribe una oración con cada verbo que contenga al menos un complemento.**

comer

comprar

escribir

regalar

4 Copia cada oración y subraya el complemento directo.

- Isabel ha contado un chiste muy bueno.
- Ese gimnasio tiene piscina.
- Mi familia adoptó a un perro.
- Las plantas necesitan agua.
- El viento mueve las ramas del árbol.
- La policía protege la zona.
- El paquete contenía un libro.
- Carlos abrazó a su amigo.

5 Completa cada oración escribiendo el complemento directo.

- El cocinero preparó ____.
- La tierra produce ____.
- Alguien ha avisado ____.
- Algunas personas leyeron ____.
- Ese camión transporta ____.
- El coro entonó ____.

Además del grupo nominal, pueden desempeñar la función de complemento directo los pronombres átonos *me*, *te*, *se*, *lo*, *la*, *nos*, *os*, *los* y *las*: *Susana y Nicolás* ***nos*** *llamaron*.

Para reconocer si un grupo nominal desempeña la función de complemento directo podemos sustituirlo por los pronombres *lo*, *la*, *los* o *las*:

La escritora publicó ***su libro****.* ▶ *La escritora* ***lo*** *publicó.*

Martín ayudó ***a su compañera****.* ▶ *Martín* ***la*** *ayudó.*

6 Copia sustituyendo los complementos directos destacados por pronombres átonos.

- Andrés visitó **la ciudad** en invierno
- El gato tiró **un jarrón** al suelo.
- Yo llevaré **una pelota** al parque.
- Eva leyó **un libro de misterio**.
- El perro acompaña siempre **a su dueña**.
- ¿Tú has visto **esa película**?

7 Observa y copia sustituyendo el pronombre destacado por un grupo nominal.

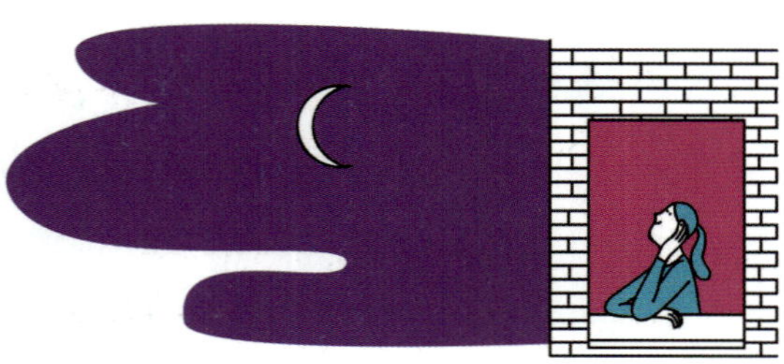

Marta **la** ve desde la ventana.

Darío **lo** esperó sentado en un banco.

8 Analiza las siguientes oraciones según el modelo.

SUJETO	PREDICADO	
La jardinera	*riega*	*las plantas.*
	N	CD

- María aparcó su bicicleta nueva.
- El mecánico perdió su caja de herramientas.
- Mis amigas me han visto.

FICHA 12. El complemento indirecto

El **complemento indirecto** (CI) nombra al destinatario de la acción expresada por el verbo más el complemento directo.

*La escritora dedicó el libro **a su madre**.*
(dedicó: N; el libro: CD; a su madre: CI)

El grupo nominal que desempeña la función de complemento indirecto suele llevar delante la preposición *a* y puede sustituirse por los pronombres átonos *le* o *les*:

*La escritora dedicó el libro **a su madre**.* ▶ *La escritora **le** dedicó el libro.*

Además de *le* y *les*, también pueden funcionar como complemento indirecto los pronombres átonos *me*, *te*, *se*, *nos* y *os*: *Él **me** enseñó su bicicleta.*

1 Copia las siguientes oraciones sustituyendo el complemento indirecto destacado por un pronombre personal átono.

- Esa frutería vende sus productos **a todo el barrio**.
- La jugadora pasó la pelota **a su compañera**.
- El cartero entregó el paquete **al conserje**.
- La abuela contaba historias increíbles **a sus nietas**.
- La actriz agradeció **al público** su calurosa ovación

2 Copia el complemento indirecto de las siguientes oraciones:

- El abuelo regaló un libro a cada nieta.
- Amaya puso la correa a su perro.
- La tienda da buen servicio a sus clientes.
- Irene pasó el ejercicio a su compañera.
- El taxista preguntó la dirección al cliente.
- Lucía contó su experiencia a la clase.

3 Lee los carteles e identifica en cada uno el complemento directo y el indirecto.

INAUGURACIÓN
HAREMOS UN REGALO A LOS DIEZ PRIMEROS CLIENTES.

BUZÓN DE SUGERENCIAS
ENVÍE SUS PROPUESTAS A LA DIRECCIÓN DE LA BIBLIOTECA.

4 Copia añadiendo un complemento indirecto en cada oración.

- Micaela prestó su libro preferido ______.
- En clase preguntamos ______ nuestras dudas.
- Los clientes del restaurante dejaron una buena propina ______.
- La empresa de mensajería entregó el paquete ______.
- Lucas pasó la ensaladera ______.

5 Escribe una oración con cada verbo.

Cada oración debe tener un complemento directo y un complemento indirecto.

enseñar

prestar

cantar

vender

6 Sustituye por pronombres los complementos directos e indirectos.

Ten en cuenta que se utiliza *se* en lugar de *le* o *les* cuando el CI va delante de un pronombre átono de tercera persona con función de CD: *Envió un regalo a su familia*. ▶ ***Se** lo envió*.

- Yo envié un correo a la profesora.
- Un amigo ofreció su casa a Abel y Raúl.
- Carlos dio un consejo a sus hermanas.
- El entrenador explicó la jugada al equipo.
- La doctora vendó la pierna al lesionado.
- La bibliotecaria dio el carné al lector.

7 ¿En qué oración el pronombre *te* funciona como complemento indirecto? ¿Qué función realiza en la otra oración?

8 Di qué función tiene el complemento destacado en cada oración.

Ella dio ánimos **a su amiga**.
Ella animó **a su amiga**.

El padre puso el abrigo **a su hija**.
El padre abrigó **a su hija**.

9 Analiza las siguientes oraciones según el modelo.

SUJETO	PREDICADO		
Las personas premiadas	*expresaron*	*su agradecimiento*	*al jurado.*
	N	CD	CI

- Tú prestaste tu libro a tu compañero.
- Ella me ha dicho la verdad.
- La artista dedicó una foto a un admirador.
- Yo te lo había contado.
- El jardinero echó agua a la planta.
- Alguien nos prestará una pelota.

FICHA 13. El complemento circunstancial

El **complemento circunstancial** (CC) expresa las circunstancias de la acción verbal: lugar, tiempo, modo…: *El avión llegaba* ***hoy***.

La función de complemento circunstancial la pueden desempeñar un grupo nominal, con o sin preposición, y un adverbio: *Llegué* ***esta mañana***. *Salí* ***de la casa***. *Voy* ***ya***.

Hay muchos tipos de complementos circunstanciales. Algunos de los más habituales son estos:

- Lugar ▶ *Ellos irán* ***al cine***.
- Tiempo ▶ *Inés vino* ***ayer***.
- Modo ▶ *Eva dibuja* ***bien***.
- Cantidad ▶ *He dormido* ***mucho***.
- Compañía ▶ *Salí* ***con mi perro***.
- Instrumento ▶ *Abrió* ***con la llave***.

1 Sustituye los complementos circunstanciales destacados por un adverbio.

arriba | pronto | bastante | despacio

- El torneo empieza **el próximo lunes**.
- Pon los libros **en la estantería**.
- Daremos un paseo **sin prisas**.
- Hemos esperado **varias horas**.

2 Copia el complemento circunstancial que aparece en cada oración y di de qué clase es cada uno.

- Yo he descansado muy bien.
- Ella abrió la puerta con su llave.
- Ese avión va a París.
- Estudiaré alemán el próximo año.
- Algunas personas leen demasiado poco.
- Daniela entrena con el resto del equipo.

3 Copia y completa añadiendo un complemento circunstancial.

- Nos saludaron ____.
- Esta guitarra no suena ____.
- Nosotros no viajaremos ____.
- Han empezado las rebajas ____.

4 Escribe una oración con cada verbo que tenga un complemento circunstancial.

sentarse

jugar

despegar

correr

Di de qué tipo es el complemento circunstancial que has escrito en cada oración.

5 Contesta a las preguntas escribiendo oraciones que contengan complementos circunstanciales.

¿Con qué harás ese trabajo manual?

¿Cuándo vendrás a un partido de nuestro equipo?

¿Cuánto dura la película?

¿Con quién has estado hoy?

¿Cómo iréis al campamento de verano?

6 Inventa oraciones en las que uses estos complementos circunstanciales de modo.

a toda prisa | con cuidado | rápidamente | sin miedo

7 Identifica los dos complementos circunstanciales de cada oración.

Los alpinistas llegarán hoy a la cumbre.

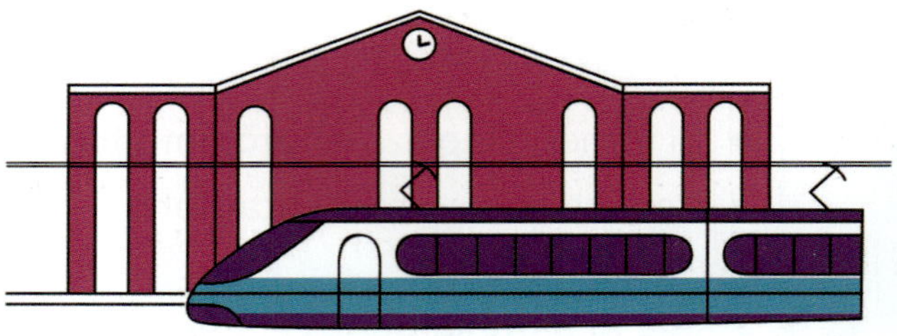

El tren para poco tiempo en la estación.

8 Escribe una oración que contenga un complemento circunstancial de cada tipo.

DE TIEMPO ▼ ______ DE MODO ▼ ______ DE CANTIDAD ▼ ______ DE LUGAR ▼ ______

9 Analiza las siguientes oraciones según el modelo.

Ten en cuenta que pueden tener distintos tipos de complementos en el predicado.

SUJETO			PREDICADO			
La	*presidenta*	*del jurado*	*entregará*	*el premio*	*a los ganadores*	*el próximo domingo.*
Det.	N	Compl.	N	CD	CI	CC de tiempo

- Muchas personas pasean por el parque con sus perros.
- Una niña encontró un anillo esta mañana en la pista de patinaje.
- El tren de Lugo llega siempre con retraso a su destino.
- Una arqueóloga ha descubierto restos romanos en la zona.
- El valle amanece con niebla todos los días.

FICHA 14. Oraciones activas y pasivas

Los verbos pueden estar en **voz activa** (*avisó*) o **pasiva** (*fue avisado*). La voz pasiva se forma con el verbo *ser* y el participio del verbo que se conjuga, en el mismo género y número que el sujeto.

La voz del verbo permite diferenciar entre **oraciones activas** y **oraciones pasivas**.

Oraciones activas ▶ Tienen un verbo en voz activa: *El fontanero* ***arregló*** *la avería.*

Oraciones pasivas ▶ Tienen un verbo en voz pasiva: *La avería* ***fue arreglada*** *por el fontanero.*

El sujeto de las oraciones pasivas es quien padece o recibe la acción expresada por el verbo, por eso se llama **sujeto paciente**.

1 Identifica y copia las formas verbales en voz pasiva.

- reconoceremos
- serás premiada
- he sido convocada
- había solucionado
- eres invitado
- confundiste
- hubo sido terminado
- admitieron

Analiza las formas verbales que has copiado.

Ten en cuenta que para analizar un verbo en voz pasiva debemos fijarnos en la forma del verbo auxiliar *ser*.

Ejemplo: *será utilizado* ▶ *tercera persona del singular del futuro simple de indicativo en voz pasiva del verbo* utilizar.

2 Escribe una forma en voz pasiva de cada verbo.

No debes usar en todos los casos el mismo tiempo verbal.

comunicar | fotografiar | enviar | retener

3 Clasifica las siguientes oraciones:

- La noticia será difundida por la prensa.
- A Lucía le gusta mucho esa canción.
- Hoy tenemos toda la tarde libre.
- La obra no había sido representada antes.
- Alguien nos habrá visto entrar.
- El ladrón ha sido detenido.

ORACIONES ACTIVAS ▼

ORACIONES PASIVAS ▼

4 ¿Qué diferencia hay entre estas oraciones? Explícala e identifica su sujeto.

- El libro fue publicado por una importante editorial.
- Una importante editorial publicó el libro.

5 Completa y escribe oraciones en voz pasiva.

- El edificio _____
- Mi dibujo _____
- Las cartas _____

6 Escribe dos oraciones activas y dos oraciones pasivas.

Rodea la forma verbal que has usado en cada oración.

El **complemento agente** (CAg) indica quién realiza la acción expresada por el verbo en voz pasiva. La función de complemento agente la realiza un grupo nominal encabezado por la preposición *por*:

SUJETO PASIVO — PREDICADO

La policía | *fue alertada* *por un vecino.*

V pasivo — CAg

7 Analiza sintácticamente las siguientes oraciones:

Sigue el modelo del recuadro informativo.

- El nuevo planeta fue descubierto por un equipo de astrónomos.
- Numerosos incendios son causados por rayos.

8 Añade un complemento agente y completa las oraciones.

- La mujer fue avisada _____.
- El jugador ha sido fichado _____.
- Las dudas son resueltas _____.
- La carta había sido enviada _____.

9 Transforma en pasivas las siguientes oraciones activas según el ejemplo:

Esa actriz protagonizó la película. ▶ La película fue protagonizada por esa actriz.

Un cocinero famoso elaboró la tarta.

La alcaldesa inaugurará el polideportivo.

10 Transforma en activas las siguientes oraciones pasivas:

- La jugadora lesionada fue atendida por el equipo médico.
- El nuevo producto será comercializado por una importante marca.
- El programa fue seguido por millones de espectadores.

Primera conjugación: verbo *saltar*

FORMAS NO PERSONALES

Formas **simples**

INFINITIVO	GERUNDIO	PARTICIPIO
saltar	saltando	saltado

Formas **compuestas**

INFINITIVO COMPUESTO	GERUNDIO COMPUESTO	
haber saltado	habiendo saltado	El participio no tiene forma compuesta.

FORMAS PERSONALES

MODO INDICATIVO

Tiempos **simples**	Tiempos **compuestos**
PRESENTE	PRETÉRITO PERFECTO COMPUESTO
salto saltas salta saltamos saltáis saltan	he saltado has saltado ha saltado hemos saltado habéis saltado han saltado
PRETÉRITO IMPERFECTO	PRETÉRITO PLUSCUAMPERFECTO
saltaba saltabas saltaba saltábamos saltabais saltaban	había saltado habías saltado había saltado habíamos saltado habíais saltado habían saltado
PRETÉRITO PERFECTO SIMPLE	PRETÉRITO ANTERIOR
salté saltaste saltó saltamos saltasteis saltaron	hube saltado hubiste saltado hubo saltado hubimos saltado hubisteis saltado hubieron saltado
FUTURO SIMPLE	FUTURO COMPUESTO
saltaré saltarás saltará saltaremos saltaréis saltarán	habré saltado habrás saltado habrá saltado habremos saltado habréis saltado habrán saltado
CONDICIONAL SIMPLE	CONDICIONAL COMPUESTO
saltaría saltarías saltaría saltaríamos saltaríais saltarían	habría saltado habrías saltado habría saltado habríamos saltado habríais saltado habrían saltado

MODO SUBJUNTIVO

Tiempos **simples**	Tiempos **compuestos**
PRESENTE	PRETÉRITO PERFECTO COMPUESTO
salte saltes salte saltemos saltéis salten	haya saltado hayas saltado haya saltado hayamos saltado hayáis saltado hayan saltado
PRETÉRITO IMPERFECTO	PRETÉRITO PLUSCUAMPERFECTO
saltara o saltase saltaras o saltases saltara o saltase saltáramos o saltásemos saltarais o saltaseis saltaran o saltasen	hubiera o hubiese saltado hubieras o hubieses saltado hubiera o hubiese saltado hubiéramos o hubiésemos saltado hubierais o hubieseis saltado hubieran o hubiesen saltado
FUTURO SIMPLE	FUTURO COMPUESTO
saltare saltares saltare saltáremos saltareis saltaren	hubiere saltado hubieres saltado hubiere saltado hubiéremos saltado hubiereis saltado hubieren saltado

MODO IMPERATIVO

salta
salte
saltad
salten

Segunda conjugación: verbo *comer*

FORMAS NO PERSONALES

Formas **simples**

INFINITIVO	GERUNDIO	PARTICIPIO
comer	comiendo	comido

Formas **compuestas**

INFINITIVO COMPUESTO	GERUNDIO COMPUESTO	
haber comido	habiendo comido	El participio no tiene forma compuesta.

FORMAS PERSONALES

MODO INDICATIVO

Tiempos **simples**	Tiempos **compuestos**
PRESENTE	**PRETÉRITO PERFECTO COMPUESTO**
como comes come comemos coméis comen	he comido has comido ha comido hemos comido habéis comido han comido
PRETÉRITO IMPERFECTO	**PRETÉRITO PLUSCUAMPERFECTO**
comía comías comía comíamos comíais comían	había comido habías comido había comido habíamos comido habíais comido habían comido
PRETÉRITO PERFECTO SIMPLE	**PRETÉRITO ANTERIOR**
comí comiste comió comimos comisteis comieron	hube comido hubiste comido hubo comido hubimos comido hubisteis comido hubieron comido
FUTURO SIMPLE	**FUTURO COMPUESTO**
comeré comerás comerá comeremos comeréis comerán	habré comido habrás comido habrá comido habremos comido habréis comido habrán comido
CONDICIONAL SIMPLE	**CONDICIONAL COMPUESTO**
comería comerías comería comeríamos comeríais comerían	habría comido habrías comido habría comido habríamos comido habríais comido habrían comido

MODO SUBJUNTIVO

Tiempos **simples**	Tiempos **compuestos**
PRESENTE	**PRETÉRITO PERFECTO COMPUESTO**
coma comas coma comamos comáis coman	haya comido hayas comido haya comido hayamos comido hayáis comido hayan comido
PRETÉRITO IMPERFECTO	**PRETÉRITO PLUSCUAMPERFECTO**
comiera o comiese comieras o comieses comiera o comiese comiéramos o comiésemos comierais o comieseis comieran o comiesen	hubiera o hubiese comido hubieras o hubieses comido hubiera o hubiese comido hubiéramos o hubiésemos comido hubierais o hubieseis comido hubieran o hubiesen comido
FUTURO SIMPLE	**FUTURO COMPUESTO**
comiere comieres comiere comiéremos comiereis comieren	hubiere comido hubieres comido hubiere comido hubiéremos comido hubiereis comido hubieren comido

MODO IMPERATIVO

come
coma
comed
coman

Tercera conjugación: verbo *vivir*

FORMAS NO PERSONALES

Formas **simples**

INFINITIVO	GERUNDIO	PARTICIPIO
vivir	viviendo	vivido

Formas **compuestas**

INFINITIVO COMPUESTO	GERUNDIO COMPUESTO	
haber vivido	habiendo vivido	El participio no tiene forma compuesta.

FORMAS PERSONALES

MODO INDICATIVO

Tiempos **simples**	Tiempos **compuestos**
PRESENTE	**PRETÉRITO PERFECTO COMPUESTO**
vivo	he vivido
vives	has vivido
vive	ha vivido
vivimos	hemos vivido
vivís	habéis vivido
viven	han vivido
PRETÉRITO IMPERFECTO	**PRETÉRITO PLUSCUAMPERFECTO**
vivía	había vivido
vivías	habías vivido
vivía	había vivido
vivíamos	habíamos vivido
vivíais	habíais vivido
vivían	habían vivido
PRETÉRITO PERFECTO SIMPLE	**PRETÉRITO ANTERIOR**
viví	hube vivido
viviste	hubiste vivido
vivió	hubo vivido
vivimos	hubimos vivido
vivisteis	hubisteis vivido
vivieron	hubieron vivido
FUTURO SIMPLE	**FUTURO COMPUESTO**
viviré	habré vivido
vivirás	habrás vivido
vivirá	habrá vivido
viviremos	habremos vivido
viviréis	habréis vivido
vivirán	habrán vivido
CONDICIONAL SIMPLE	**CONDICIONAL COMPUESTO**
viviría	habría vivido
vivirías	habrías vivido
viviría	habría vivido
viviríamos	habríamos vivido
viviríais	habríais vivido
vivirían	habrían vivido

MODO SUBJUNTIVO

Tiempos **simples**	Tiempos **compuestos**
PRESENTE	**PRETÉRITO PERFECTO COMPUESTO**
viva	haya vivido
vivas	hayas vivido
viva	haya vivido
vivamos	hayamos vivido
viváis	hayáis vivido
vivan	hayan vivido
PRETÉRITO IMPERFECTO	**PRETÉRITO PLUSCUAMPERFECTO**
viviera o viviese	hubiera o hubiese vivido
vivieras o vivieses	hubieras o hubieses vivido
viviera o viviese	hubiera o hubiese vivido
viviéramos o viviésemos	hubiéramos o hubiésemos vivido
vivierais o vivieseis	hubierais o hubieseis vivido
vivieran o viviesen	hubieran o hubiesen vivido
FUTURO SIMPLE	**FUTURO COMPUESTO**
viviere	hubiere vivido
vivieres	hubieres vivido
viviere	hubiere vivido
viviéremos	hubiéremos vivido
viviereis	hubiereis vivido
vivieren	hubieren vivido

MODO IMPERATIVO

vive
viva
vivid
vivan

Verbo *ser* (formas simples)*

FORMAS NO PERSONALES

INFINITIVO	GERUNDIO	PARTICIPIO
ser	siendo	sido

FORMAS PERSONALES

MODO INDICATIVO

PRESENTE	PRETÉRITO IMPERFECTO	PRETÉRITO PERFECTO SIMPLE	FUTURO SIMPLE	CONDICIONAL SIMPLE
soy	**era**	**fui**	seré	sería
eres	**eras**	**fuiste**	serás	serías
es	**era**	**fue**	será	sería
somos	**éramos**	**fuimos**	seremos	seríamos
sois	**erais**	**fuisteis**	seréis	seríais
son	**eran**	**fueron**	serán	serían

MODO SUBJUNTIVO

PRESENTE	PRETÉRITO IMPERFECTO	FUTURO SIMPLE
sea	**fuera** o **fuese**	**fuere**
seas	**fueras** o **fueses**	**fueres**
sea	**fuera** o **fuese**	**fuere**
seamos	**fuéramos** o **fuésemos**	**fuéremos**
seáis	**fuerais** o **fueseis**	**fuereis**
sean	**fueran** o **fuesen**	**fueren**

MODO IMPERATIVO

sé
sea
sed
sean

Verbo *ir* (formas simples)

FORMAS NO PERSONALES

INFINITIVO	GERUNDIO	PARTICIPIO
ir	yendo	ido

FORMAS PERSONALES

MODO INDICATIVO

PRESENTE	PRETÉRITO IMPERFECTO	PRETÉRITO PERFECTO SIMPLE	FUTURO SIMPLE	CONDICIONAL SIMPLE
voy	**iba**	**fui**	iré	iría
vas	**ibas**	**fuiste**	irás	irías
va	**iba**	**fue**	irá	iría
vamos	**íbamos**	**fuimos**	iremos	iríamos
vais	**ibais**	**fuisteis**	iréis	iríais
van	**iban**	**fueron**	irán	irían

MODO SUBJUNTIVO

PRESENTE	PRETÉRITO IMPERFECTO	FUTURO SIMPLE
vaya	**fuera** o **fuese**	**fuere**
vayas	**fueras** o **fueses**	**fueres**
vaya	**fuera** o **fuese**	**fuere**
vayamos	**fuéramos** o **fuésemos**	**fuéremos**
vayáis	**fuerais** o **fueseis**	**fuereis**
vayan	**fueran** o **fuesen**	**fueren**

MODO IMPERATIVO

ve
vaya
id
vayan

* Aparecen destacadas en negrita las formas irregulares.

Verbo *tener**

FORMAS PERSONALES

MODO INDICATIVO

PRESENTE	PRETÉRITO PERFECTO SIMPLE	FUTURO SIMPLE	CONDICIONAL SIMPLE
tengo	**tuve**	**tendré**	**tendría**
tienes	**tuviste**	**tendrás**	**tendrías**
tiene	**tuvo**	**tendrá**	**tendría**
tenemos	**tuvimos**	**tendremos**	**tendríamos**
tenéis	**tuvisteis**	**tendréis**	**tendríais**
tienen	**tuvieron**	**tendrán**	**tendrían**

MODO SUBJUNTIVO

PRESENTE	PRETÉRITO IMPERFECTO	FUTURO SIMPLE
tenga	**tuviera** o **tuviese**	**tuviere**
tengas	**tuvieras** o **tuvieses**	**tuvieres**
tenga	**tuviera** o **tuviese**	**tuviere**
tengamos	**tuviéramos** o **tuviésemos**	**tuviéremos**
tengáis	**tuvierais** o **tuvieseis**	**tuviereis**
tengan	**tuvieran** o **tuviesen**	**tuvieren**

MODO IMPERATIVO

ten
tenga
tened
tengan

Verbo *caber*

FORMAS PERSONALES

MODO INDICATIVO

PRESENTE	PRETÉRITO PERFECTO SIMPLE	FUTURO SIMPLE	CONDICIONAL SIMPLE
quepo	**cupe**	**cabré**	**cabría**
cabes	**cupiste**	**cabrás**	**cabrías**
cabe	**cupo**	**cabrá**	**cabría**
cabemos	**cupimos**	**cabremos**	**cabríamos**
cabéis	**cupisteis**	**cabréis**	**cabríais**
caben	**cupieron**	**cabrán**	**cabrían**

MODO SUBJUNTIVO

PRESENTE	PRETÉRITO IMPERFECTO	FUTURO SIMPLE
quepa	**cupiera** o **cupiese**	**cupiere**
quepas	**cupieras** o **cupieses**	**cupieres**
quepa	**cupiera** o **cupiese**	**cupiere**
quepamos	**cupiéramos** o **cupiésemos**	**cupiéremos**
quepáis	**cupierais** o **cupieseis**	**cupiereis**
quepan	**cupieran** o **cupiesen**	**cupieren**

MODO IMPERATIVO

cabe
quepa
cabed
quepan

* A partir de este verbo se recogen solo los tiempos que tienen formas irregulares, que aparecen destacados en negrita.

Verbo *acertar*

FORMAS PERSONALES

MODO INDICATIVO PRESENTE	MODO SUBJUNTIVO PRESENTE	MODO IMPERATIVO
acierto	**acierte**	
aciertas	**aciertes**	**acierta**
acierta	**acierte**	**acierte**
acertamos	acertemos	
acertáis	acertéis	acertad
aciertan	**acierten**	**acierten**

Verbo *probar*

FORMAS PERSONALES

MODO INDICATIVO PRESENTE	MODO SUBJUNTIVO PRESENTE	MODO IMPERATIVO
pruebo	**pruebe**	
pruebas	**pruebes**	**prueba**
prueba	**pruebe**	**pruebe**
probamos	probemos	
probáis	probéis	probad
prueban	**prueben**	**prueben**

Verbo *medir*

FORMAS NO PERSONALES

INFINITIVO	GERUNDIO	PARTICIPIO
medir	**midiendo**	medido

FORMAS PERSONALES

MODO INDICATIVO		MODO IMPERATIVO
PRESENTE	PRETÉRITO PERFECTO SIMPLE	
mido	medí	
mides	mediste	**mide**
mide	**midió**	**mida**
medimos	medimos	
medís	medisteis	medid
miden	**midieron**	**midan**

MODO SUBJUNTIVO

PRESENTE	PRETÉRITO IMPERFECTO	FUTURO SIMPLE
mida	**midiera** o **midiese**	**midiere**
midas	**midieras** o **midieses**	**midieres**
mida	**midiera** o **midiese**	**midiere**
midamos	**midiéramos** o **midiésemos**	**midiéremos**
midáis	**midierais** o **midieseis**	**midiereis**
midan	**midieran** o **midiesen**	**midieren**

Verbo *sentir*

FORMAS NO PERSONALES

INFINITIVO	GERUNDIO	PARTICIPIO
sentir	sintiendo	sentido

FORMAS PERSONALES

MODO INDICATIVO

PRESENTE	PRETÉRITO PERFECTO SIMPLE
siento	sentí
sientes	sentiste
siente	sintió
sentimos	sentimos
sentís	sentisteis
sienten	sintieron

MODO IMPERATIVO

siente
sienta
sentid
sientan

MODO SUBJUNTIVO

PRESENTE	PRETÉRITO IMPERFECTO	FUTURO SIMPLE
sienta	sintiera o sintiese	sintiere
sientas	sintieras o sintieses	sintieres
sienta	sintiera o sintiese	sintiere
sintamos	sintiéramos o sintiésemos	sintiéremos
sintáis	sintierais o sintieseis	sintiereis
sientan	sintieran o sintiesen	sintieren

Verbo *hacer*

FORMAS NO PERSONALES

INFINITIVO	GERUNDIO	PARTICIPIO
hacer	haciendo	hecho

FORMAS PERSONALES

MODO INDICATIVO

PRESENTE	PRETÉRITO PERFECTO SIMPLE	FUTURO SIMPLE	CONDICIONAL SIMPLE
hago	hice	haré	haría
haces	hiciste	harás	harías
hace	hizo	hará	haría
hacemos	hicimos	haremos	haríamos
hacéis	hicisteis	haréis	haríais
hacen	hicieron	harán	harían

MODO SUBJUNTIVO

PRESENTE	PRETÉRITO IMPERFECTO	FUTURO SIMPLE
haga	hiciera o hiciese	hiciere
hagas	hicieras o hicieses	hicieres
haga	hiciera o hiciese	hiciere
hagamos	hiciéramos o hiciésemos	hiciéremos
hagáis	hicierais o hicieseis	hiciereis
hagan	hicieran o hiciesen	hicieren

MODO IMPERATIVO

haz
haga
haced
hagan

Verbo *decir*

FORMAS NO PERSONALES

INFINITIVO	GERUNDIO	PARTICIPIO
decir	diciendo	dicho

FORMAS PERSONALES

MODO INDICATIVO

PRESENTE	PRETÉRITO PERFECTO SIMPLE	FUTURO SIMPLE	CONDICIONAL SIMPLE
digo	dije	diré	diría
dices	dijiste	dirás	dirías
dice	dijo	dirá	diría
decimos	dijimos	diremos	diríamos
decís	dijisteis	diréis	diríais
dicen	dijeron	dirán	dirían

MODO SUBJUNTIVO

PRESENTE	PRETÉRITO IMPERFECTO	FUTURO SIMPLE
diga	dijera o dijese	dijere
digas	dijeras o dijeses	dijeres
diga	dijera o dijese	dijere
digamos	dijéramos o dijésemos	dijéremos
digáis	dijerais o dijeseis	dijereis
digan	dijeran o dijesen	dijeren

MODO IMPERATIVO

di
diga
decid
digan

Verbo *traer*

FORMAS PERSONALES

MODO INDICATIVO

PRESENTE	PRETÉRITO PERFECTO SIMPLE
traigo	traje
traes	trajiste
trae	trajo
traemos	trajimos
traéis	trajisteis
traen	trajeron

MODO IMPERATIVO

trae
traiga
traed
traigan

MODO SUBJUNTIVO

PRESENTE	PRETÉRITO IMPERFECTO	FUTURO SIMPLE
traiga	trajera o trajese	trajere
traigas	trajeras o trajeses	trajeres
traiga	trajera o trajese	trajere
traigamos	trajéramos o trajésemos	trajéremos
traigáis	trajerais o trajeseis	trajereis
traigan	trajeran o trajesen	trajeren

TALLER DE ORTOGRAFÍA

FICHA 1. Principios de acentuación

Según su acentuación las palabras pueden ser agudas, llanas o esdrújulas.

- Son **palabras agudas** las que tienen tónica la última sílaba. Estas palabras llevan tilde cuando terminan en vocal, en *n* o en *s*: *champú*, *sesión*, *marqués*.
- Son **palabras llanas** las que tienen tónica la penúltima sílaba. Estas palabras llevan tilde cuando terminan en consonante distinta de *n* o *s*: *árbol*.
- Son **palabras esdrújulas** las que tienen tónica la antepenúltima sílaba. Estas palabras llevan siempre tilde: *helicóptero*.

1 Identifica la palabra de cada serie que no corresponde a cada afirmación.

Tienen tónica la última sílaba ▶	reloj	control	mano	pared
Tienen tónica la penúltima sílaba ▶	cesto	difícil	radiador	móvil
Tienen tónica la antepenúltima sílaba ▶	líquido	lámina	ecológico	cómic

2 Forma el plural de las siguientes palabras:

joven · margen · examen · imagen · germen

Explica por qué no llevan tilde en singular y sí la llevan en plural.

3 Escribe sus nombres y explica por qué llevan o no tilde.

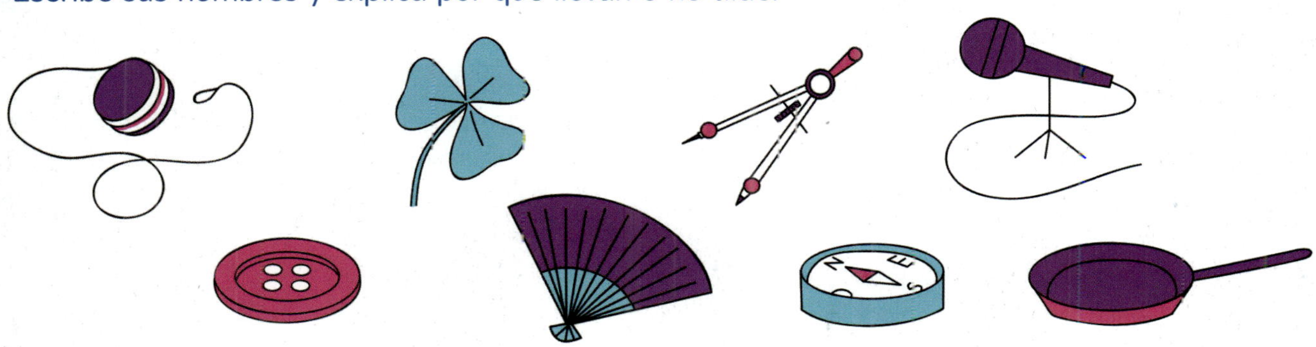

4 Clasifica las palabras de las dos actividades anteriores.

PALABRAS AGUDAS · PALABRAS LLANAS · PALABRAS ESDRÚJULAS

Escribe oraciones con palabras agudas, llanas y esdrújulas con tilde.

5 Rodea la sílaba tónica de cada una de estas palabras y escribe tilde cuando sea necesario.

- menu
- numeros
- brazo
- boligrafo
- capitan
- musica
- grapadora
- cesped
- album
- bisturi
- frances
- agenda
- rapido
- amigo
- cafe
- libelula
- cartel
- telefono
- simbolo
- crisis

6 Explica las diferencias en cuanto al acento de las palabras destacadas.

- La prensa de todo el país **publicó** la noticia.
- Hoy **publico** un interesante artículo en mi blog.
- El **público** asistió a un gran espectáculo.

Escribe tú otra oración más con cada palabra.

7 Copia y escribe las tildes que sean necesarias.

- Los piratas izaron la bandera del mastil de proa.
- En la cena sirvieron un coctel de gambas y atun.
- Vamos a ver el partido de futbol en la habitacion del fondo.
- La estatua estaba hecha con un fantastico marmol blanco.

8 Escribe un nombre de persona o de lugar de cada tipo.

- Que sea una palabra aguda con tilde.
- Que sea una palabra llana sin tilde.
- Que sea una palabra aguda sin tilde.
- Que sea una palabra llana con tilde.

Escribe nombres de persona o lugar que sean palabras esdrújulas.

9 DICTADO. Prepara uno de estos dictados para hacerlo en tu cuaderno.

Sábado de concierto

Este sábado asistí con mi familia a un bonito concierto al aire libre en el parque municipal. Allí, bajo un enorme álamo, disfrutamos de una espléndida interpretación de violín y orquesta.

Los músicos tocaron de manera magistral un largo y difícil repertorio. Sus notas resonaban por cada rincón. ¡Fue magnífico!

Atardecer en la playa

Sentados en el malecón de la playa desierta, contemplamos la mágica hora en la que el sol, ocultándose en el horizonte, va retirando poco a poco sus cálidos rayos de la vastísima superficie del mar.

Ante nuestros ojos, el agua tomaba un intensísimo color azul y el cielo se teñía de unos preciosos tonos rojos y anaranjados. Una suave brisa nos acariciaba el rostro y su débil murmullo se mezclaba con los últimos cantos de las gaviotas.

¡El espectáculo nos maravilló a todos!

FICHA 2. La tilde en diptongos e hiatos

Un **diptongo** es la unión de dos vocales en una misma sílaba. Para que haya diptongo, una de las vocales debe ser cerrada (*i*, *u*) átona y la otra puede ser cerrada (*i*, *u*) o abierta (*a*, *e*, *o*): *ciudad*, *miedo*.

Las palabras con diptongo siguen las mismas reglas de acentuación que el resto de las palabras. Cuando llevan tilde, esta se escribe sobre la vocal abierta: *televisión*. Si las dos vocales son cerradas, se escribe sobre la segunda vocal: *cuídate*.

Un **hiato** es la presencia de dos vocales seguidas que pertenecen a sílabas distintas. Los hiatos pueden contener una vocal cerrada (*i*, *u*) y otra abierta (*a*, *e*, *o*), dos vocales abiertas distintas (*ae*, *ea*, *oa*...) o dos vocales iguales (*aa*, *ee*, *ii*...): *reír*, *caer*, *poseer*.

Las palabras con hiatos formados por una vocal cerrada tónica y una vocal abierta átona siempre llevan tilde sobre la vocal cerrada: *desvío*, *raíz*. El resto de las palabras con hiato siguen las reglas generales de acentuación: *roer*, *Jaén*, *océano*.

1 Identifica y copia la palabra de cada grupo que contiene un diptongo.

sonrisa	caserón	diurno	lunes
diente	porche	nocturno	miércoles
mejilla	desván	tarde	sábado
nariz	construcción	amanecer	domingo

2 Rodea los diptongos y escribe tilde cuando sea necesario.

- cien
- cancion
- veintiun
- despues
- siete
- puente
- nautico
- nuevo
- asiatico
- farmacia
- huesped
- suave
- quimica
- guapo
- cuenco
- puesto
- cauce
- duende
- muela
- tiempo

3 Escribe sus nombres y di si contienen diptongo o hiato.

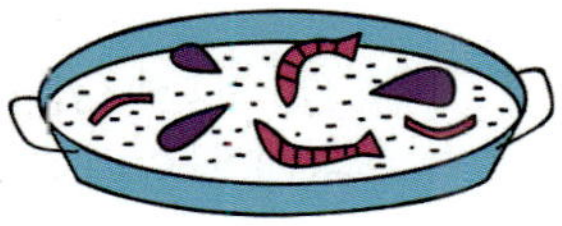

4 Inventa y escribe una oración con cada palabra de la actividad anterior.

5 Subraya las palabras que contienen un hiato.

- baile
- notición
- país
- contraataque
- diamante
- zanahoria
- teatro
- carnicería
- envío
- rueda
- reelegir
- astronauta
- realeza
- cielo
- caída
- guardián
- caótico
- línea
- ruinoso
- sauce

6 Clasifica las palabras de la actividad anterior según su acentuación en agudas, llanas o esdrújulas.

7 Fíjate en estas palabras y explica por qué se escriben con tilde o sin ella.

Debes indicar si contienen diptongo o hiato y el tipo de palabra según su acento.

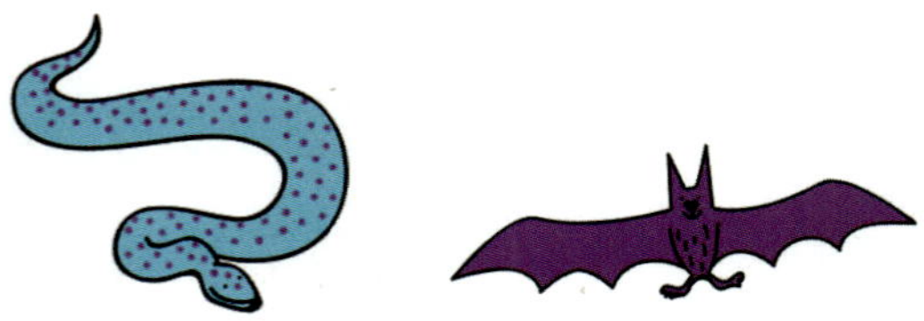

serpiente murciélago

policía veterinaria

8 Copia y escribe tilde cuando sea necesario.

- Raul es biologo y trabaja en investigacion.
- Dario va a la peluqueria junto a su oficina.
- A Ines le apasiona la astronomia.
- Paula envio su titulo por correo.
- Os dejo aqui para que camineis algo.
- Tuvieron una averia en el camion.
- Ese ruido me hace daño al oido.
- Despues del futbol vio un partido de beisbol.

9 DICTADO. Prepara uno de estos dictados para hacerlo en tu cuaderno.

En el desván

En el desván de la casa de sus abuelos, Mario encontró un antiguo baúl que había sido de su bisabuelo.

Con mucho cuidado intentó abrirlo para ver lo que contenía, pero no consiguió más que romper el cierre. Cuando su abuelo se enteró, le prohibió volver a entrar sin permiso en aquella habitación.

La cacatúa

Mi tía Mónica tiene una cacatúa en su casa. Es un bonito ejemplar con el plumaje de un color rosado increíble y una llamativa cresta de tonos anaranjados.

La cacatúa revolotea en libertad por todas las habitaciones haciendo las delicias de las visitas. Es divertido oírla canturrear y saludar a los recién llegados, aleteando alrededor de sus cabezas.

Mi tía es feliz con la compañía de la simpática ave, que hace reír a todos.

FICHA 3. La tilde en interrogativos y exclamativos

Se escribe **tilde** en las palabras *qué*, *quién*, *cuándo*, *cuánto*, *cómo*… cuando se usan para introducir preguntas o exclamaciones:

- *¡Qué emocionante!*
- *¿Quién pintó el cuadro?*
- *¿Cuándo irás?*
- *¡Cuánto tiempo sin verte!*
- *¡Cómo se lo pasan en el parque!*
- *¿Cuál es el libro que falta?*
- *¿Dónde has dejado la carpeta?*
- *¡Quiénes aparecieron!*

1 **Lee este diálogo y copia las palabras que sirven para introducir las preguntas y las exclamaciones.**

No olvides escribir las tildes.

Comida familiar

–¿Quién puede acercarme los platos, por favor?
–Los llevo yo. ¿Cuántos faltaban? ¿Seis?
–Sí, sí. Yo pongo los cubiertos. ¿Dónde iba cada uno...?
–¿No te acuerdas? El tenedor...
–Ya, ya... Ya he terminado. ¿Cuándo llegarán los abuelos?
–¿Qué hora es? Dijeron que vendrían a las dos.
–¡Qué bien! ¡Cómo me alegraré de verlos!

2 **Completa cada oración con la palabra adecuada.**

que qué

- ¡______ día tan bonito hace!
- Creo ______ he comprado lo necesario.

cuando cuándo

- Saldremos ______ estemos todos.
- ¡______ va a empezar la película!

donde dónde

- Siéntate ______ estés más cómoda.
- ¿______ has dejado las llaves?

como cómo

- Laura habla ______ una persona mayor.
- ¡______ me ha gustado tu regalo!

cuales cuáles

- ¿______ son tus libros?
- Vive con sus tíos, a los ______ adora.

quien quién

- ¿______ puede llevarme a la estación?
- Díselo a ______ quieras.

3 **Observa cómo se escribe una pregunta sin usar los signos de interrogación.**

¿Quién te ha contado eso? ▶ Dime quién te ha contado eso.

Ahora, escribe tú estas preguntas y otras que te inventes sin usar interrogaciones.

Puedes comenzar con palabras como estas:

- Adivina...
- Me pregunto...
- Dime...
- No sé...
- Cuéntame...

¿Quién ha venido?

¿Qué estás pensando?

¿Dónde vives?

4 **Copia y completa las preguntas. Después, inventa y responde.**

- ¿____ de estos libros elegirías?
- ¿Sobre ____ tratará?
- ¿____ sucederá la acción?
- ¿____ podría titularse?
- ¿____ páginas tendrá?

5 **Copia y completa las exclamaciones.**

- ¡____ manzanas hay en el cesto!
- ¡____ ha ido a parar la pelota!
- ¡____ bonitos zapatos llevas!
- ¡____ me gusta esa serie!
- ¡____ calor hace hoy!
- ¡____ ha entrado en mi habitación!

Escribe exclamaciones con esas palabras que has escrito.

6 DICTADO. **Prepara uno de estos dictados para hacerlo en tu cuaderno.**

¡Qué nevada!

Julieta abrió la ventana de su habitación y se quedó impresionada. ¡Qué increíble! Estaba todo cubierto de nieve. ¡Qué bonito! ¡Cuántos copos caían! ¡Y qué frío hacía!

A toda prisa se puso el abrigo y buscó los guantes. ¿Dónde los habría puesto? Necesitaba encontrarlos. ¿Cómo iba a tocar la nieve sin ellos?

La presentación del invento

Hacía días que la joven científica andaba sin parar de un lado a otro. ¡Qué agobio tenía! Hasta hablaba sola. ¿Qué hace esta pieza? ¿Dónde habré puesto las herramientas? ¿Cómo voy a hacer esto? ¿Y lo otro?...

Y no era para menos. Llevaba meses preparando su original invento y había llegado el momento de presentarlo: sería esta misma tarde en el Museo de la Ciencia. ¡Cómo le emocionaba la idea! ¡Quién sabe cómo iba a acoger el público su idea!

FICHA 4. La tilde en los monosílabos

Los **monosílabos** son las palabras que tienen una sola sílaba: *los*, *tren*, *seis*.

Como norma general, los monosílabos no llevan tilde. Sin embargo, algunas palabras monosílabas llevan tilde para distinguirlas de otras que tienen la misma forma, pero distinto significado.

él	Pronombre: *Me lo dijo* ***él***.	**el**	Artículo: *Viene* ***el*** *autobús*.
mí	Pronombre: *Eso es para* ***mí***.	**mi**	Posesivo: *Raúl es* ***mi*** *primo*.
tú	Pronombre: ***Tú*** *lo sabes*.	**tu**	Posesivo: *Déjame* ***tu*** *lápiz*.
té	Sustantivo: *Tomó* ***té*** *solo*.	**te**	Pronombre: ***Te*** *puedo ver*.
sí	Pronombre: *Hablaba de* ***sí***. Adverbio: *Dijo que* ***sí*** *iría*.	**si**	Conjunción condicional: ***Si*** *vas, llama*.
sé	Verbo *saber*: *Lo* ***sé*** *todo*. Verbo *ser*: ***Sé*** *prudente*.	**se**	Pronombre: *Ella* ***se*** *va*.
dé	Verbo *dar*: *No* ***dé*** *usted nada*.	**de**	Preposición: *Eva es* ***de*** *París*.

1 Completa las oraciones con la palabra adecuada en cada caso.

mi / mí
- Sandra es ______ mejor amiga.
- ¿Ha llamado alguien preguntando por ______?

tu / tú
- ¿______ sabes a qué hora es la película?
- Pasaré por ______ casa a las cinco.

el / él
- Julián pidió un helado para ______ solo.
- He comprado unos guantes para ______ frío.

si / sí
- El entrevistado respondió con un rotundo ______.
- Espérame aquí, ______ quieres que te acompañe.

2 Copia las oraciones con formas de los verbos *ser, saber* o *dar*.

Ten en cuenta que todas las formas deben ser monosílabos.

- No ______ qué decir.
- Espero que me ______ tiempo.
- ______ lo más rápido que puedas.
- ¿Quieres que te ______ un poco de helado?
- ______ ir solo a cualquier sitio.
- Con tus amigos, ______ sincero siempre.

3 **Completa con el monosílabo adecuado y copia.**

Explica la diferencia entre las dos oraciones.

4 **Completa las oraciones y copia. Luego, piensa y explica por qué la palabra *ti* no lleva tilde.**

mí
ti
sí

- A ____ me gustan las películas de terror más que a ____.
- El profesor te ha preguntado a ____ antes que a ____.
- Su hermana mayor se corta el pelo a ____ misma.

Escribe dos oraciones con la palabra *ti*.

5 **Copia las siguientes oraciones poniendo tilde en las palabras monosílabas que deban llevarla.**

- A mi me encanta mi pelo.
- Si tiras de la manga, se dará de si.
- ¿Te sirvo un poco de te?
- No te de vergüenza hablar de ti.
- A el no le importa mucho el éxito.
- Cada persona se conoce a si misma.
- Se amable con tu nueva vecina.
- No se lo que tu piensas.
- El habla mucho de mi, de ti y de si mismo.
- Si dices si, es si.

6 DICTADO. **Prepara uno de estos dictados para hacerlo en tu cuaderno.**

Hacia la Plaza Mayor

–Perdone, ¿podría ayudarme?

–Sí, claro. Dígame.

–No sé cómo llegar a mi hotel. Está en la Plaza Mayor.

–Va en dirección contraria, así que dé la vuelta y, luego, siga recto hasta que vea un pasadizo a la derecha. Entre por él y tendrá ante sí la plaza.

–Muchas gracias.

La inspiración

Escribir es una de las aficiones más bonitas del mundo, pero, eso sí, tiene sus dificultades. ¡A mí me lo van a decir! Llevo varios días pensando y no se me ocurre una idea original. Me levanto, me siento, cojo una taza de té, miro por la ventana... Y nada. Definitivamente mi inspiración ha huido a otro lugar.

De repente, fijo la vista en una hoja caída que flota en un charco y mi imaginación vuela hasta un mar de aguas verdes donde naufraga un velero. Allí empezará mi historia.

FICHA 5. Palabras con b

Se escriben con **b**:

- Las palabras que empiezan por las sílabas **bu-**, **bur-** y **bus-**: *butaca*, *burla*, *buscador.*
- Los verbos acabados en **-bir**, excepto *hervir*, *servir* y *vivir*: *describir.*
- Las palabras terminadas en **-bilidad**, excepto *movilidad*: *estabilidad*.
- Las formas del pretérito imperfecto de indicativo de los verbos de la primera conjugación: *esperaba*.

1 **Escribe sus nombres.**

Escribe una oración con cada palabra.

2 **Escribe la palabra que corresponde a cada definición.**

Nadar por debajo del agua.

Persona que se sumerge en el agua con oxígeno.

Busca en el diccionario cinco palabras que empiecen por las sílabas *bu-*, *bur-* o *bus-*.

3 **Contesta empleando palabras acabadas en -bir o -vir.**

- ¿Para qué sirve una escalera?
- ¿Qué es lo contrario de *dar*?
- ¿Qué hay que hacer para comunicar algo por escrito?

Escribe oraciones usando formas de los verbos que has escrito.

4 **Completa el texto de los carteles con formas de los siguientes verbos:**

prohibir

buscar

servir

5 Escribe oraciones usando formas de los siguientes verbos:

percibir | inscribir | convivir | desvivirse

6 Escribe palabras acabadas en **-bilidad** a partir de estas:

- amable
- probable
- sensible
- rentable
- navegable
- imposible
- accesible
- culpable
- responsable
- irritable
- variable
- visible
- disponible
- fiable
- flexible

7 Copia y completa las oraciones con la forma adecuada del verbo en pretérito imperfecto de indicativo.

- Ayer, mi padre *(escuchar)* las noticias en la radio del salón.
- Mónica y Luis *(regar)* todos los veranos las plantas del jardín.
- Creía que tú *(estar)* en el colegio desde esta mañana.
- Marcos y yo *(entrenar)* en el parque al lado de casa.
- Marta *(jugar)* muy bien al ajedrez de pequeña.
- El barco *(regresar)* de un largo viaje alrededor del mundo.

8 Imagina y escribe un breve texto contando algo que hayas soñado.

Usa el pretérito imperfecto de indicativo de algunos de estos verbos:

- viajar
- caminar
- llegar
- encontrar
- buscar
- regresar

Puedes empezar así: *Ayer soñé que viajaba en un cohete espacial...*

9 DICTADO. Prepara uno de estos dictados para hacerlo en tu cuaderno.

Buenas amigas

A pesar del tiempo que llevaban sin verse, Claudia recordaba a Lola con cariño. Todos los años, por su cumpleaños, Claudia le enviaba una felicitación a su amiga.

Lola se alegraba mucho cuando llegaban noticias de Claudia. A veces, no podía esperar y abría la carta delante del buzón de su casa.

El bar Don Pedro

El bar Don Pedro ha sido siempre un lugar muy agradable. El dueño trataba a todos sus clientes con gran amabilidad y, mientras servía cafés o preparaba bocadillos, les daba conversación y les preguntaba por sus cosas.

Los días de partido, el bar Don Pedro era un hervidero de gente. Todos miraban absortos la televisión y disfrutaban del juego. Mientras, Pedro observaba desde la barra a su clientela. A él no le gustaba el fútbol, pero le encantaba tener a tanta gente agradable en su local.

FICHA 6. Palabras con v

Se escriben con **v**:

- Los adjetivos llanos terminados en **-ava**, **-ave**, **-avo**, **-eva**, **-eve**, **-evo**, **-ivo** e **-iva**: *suave*, *nuevo*, *competitivo*.
- Las formas de los verbos que tienen el **sonido B** y que no tienen ni **b** ni **v** en su infinitivo: *anduve* (de *andar*).

  Se exceptúan las terminaciones *-aba*, *-abas*, *-ábamos*… del pretérito imperfecto de indicativo de los verbos de la primera conjugación y las formas de ese mismo tiempo del verbo *ir*: *iba*, *ibas*…

1 Copia sustituyendo las palabras destacadas por sus antónimos.

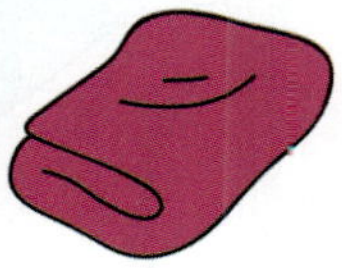

- Una toalla **áspera**.

- Unas botas **viejas**.

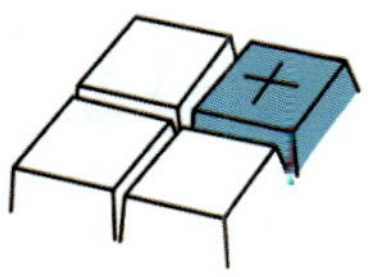

- Un signo **negativo**.

- Un día **laborable**.

2 Escribe adjetivos terminados en **-ivo** e **-iva** a partir de estos verbos:

- crear
- pensar
- educar
- competir
- repetir
- intuir
- llamar
- negar
- progresar
- adoptar

Copia y completa con algunos de los adjetivos que has escrito.

- Un diseñador realiza una actividad ______.
- Noelia es una jugadora ______.
- Llevaba un sombrero de colores ______.
- Marco se quedó ______ mirando.
- El enfermo tuvo una mejoría ______.
- Es hija ______ de su ciudad.
- Las tareas ______ acaban cansando.
- El uso del móvil es ______.

3 Busca en el diccionario las siguientes palabras y escribe una oración con cada una:

leve — longevo — nocivo — esquivo

4 Completa la siguiente información sobre dos formas del verbo **llevar**:

- *Llevo* es una forma del modo ______.
- *Lleve* es una forma del modo ______.

5 Escribe las formas del pretérito imperfecto de indicativo y del pretérito perfecto simple de los verbos **andar** y **estar**.

6 Escribe tres formas del pretérito perfecto simple de estos verbos:

tener | contener | sostener | obtener

7 Copia y completa con **b** o con **v**.

- detu✱ieron
- cantα✱an
- estu✱e
- anda✱a
- entretu✱imos
- mantu✱iste
- retu✱o
- saltá✱amos
- espera✱as
- conta✱ais

Explica la regla ortográfica que sigue cada palabra.

8 Copia el siguiente texto poniendo en pretérito perfecto simple las formas verbales destacadas.

Día de esquí

Cuando **estaba** en la nieve no **tenía** frío porque iba muy bien preparado. **Andaba** todo el día moviéndome y la ropa térmica **mantenía** muy bien la temperatura del cuerpo.

9 Completa las siguientes oraciones con formas del verbo **ir**.

- En las ciudades pequeñas la gente ____ andando a todas partes.
- Cuando era pequeño, yo ____ al mismo colegio que mi hermana.
- No creo que tú ____ a engañarme.
- Si vosotras ____ más deprisa, llegaréis antes que nosotros.
- Propongo que ____ a dar una vuelta en bicicleta por el parque.

10 DICTADO. Prepara uno de estos dictados para hacerlo en tu cuaderno.

La mascota de César

César estaba encantado con su nueva mascota. Era suave, peluda y divertida.

No todo era fácil, pero César mantuvo una actitud positiva. Tuvo que averiguar bien cómo se cuidaba, qué costumbres tenía… Anduvo preguntando e investigando, hasta que estuvo seguro de que sabía bien cómo atender a su nuevo amigo.

La mudanza

La familia Matute estaba muy atareada: ¡se mudaban a las afueras!

Hacía tiempo que no soportaban su bulliciosa ciudad y hasta los más leves ruidos los alteraban. Así que en una reunión familiar mantuvieron una conversación y decidieron que era el momento de hacer efectivo el cambio deseado.

Al principio, anduvieron dando vueltas por todos los barrios más alejados del centro, sin encontrar la vivienda adecuada. Pero un día vieron una casa realmente bonita. Todos estuvieron de acuerdo en que era perfecta.

FICHA 7. Palabras con j

Se escriben con **j**:

- Las palabras que terminan en **-aje** o **-eje**: *traje*, *esqueje*.
- Las palabras que comienzan por **aje-** o **eje-**: *ajedrez*, *ejecutivo*. Se exceptúan las palabras *agenda*, *agencia* y *agente*.
- Las formas de los verbos que llevan el **sonido J** y que no tienen ni **g** ni **j** en su infinitivo: *dijiste* (de *decir*).

1 Forma sustantivos acabados en **-aje** a partir de estos verbos:

- maquillar
- vendar
- anclar
- camuflar
- tatuar
- kilometrar
- aprender
- abordar
- fichar
- rodar
- arbitrar
- marcar
- almacenar
- blindar
- patinar

2 Copia y completa los carteles con **g** o **j**.

PLAZAS DE GARA*E

A*ENCIA DE VIA*ES

RECOGIDA DE EQUIPA*ES

PISTA DE PATINA*E

3 Escribe el sustantivo que designa la acción de posarse...

En el mar.

En tierra.

En la Luna.

4 Imagina el contenido de estos libros y escribe una breve reseña de cada uno utilizando las palabras de los recuadros.

personaje
agente
espionaje

montaje
ejemplos
ensamblaje

5 Escribe oraciones utilizando en cada una dos de estas palabras:

coraje | agente | ejercicio | agenda

6 Explica por qué se escriben con **j** las formas verbales destacadas.

Los pilotos **condujeron** durante varias horas.

Ana y Luis se **distrajeron** montando un puzle.

7 Escribe otras formas verbales con **j** de cada verbo.

contraer ▶ contraje
atraer ▶ atrajera
traducir ▶ traduje
bendecir ▶ bendijese
producir ▶ produje
contradecir ▶ contradije

8 Copia las oraciones y complétalas con formas verbales con **j**.

reducir | predecir | introducir | extraer

- Con el ajetreo, nosotras ________ el regalo en la caja equivocada.
- Los submarinistas ________ monedas de oro del barco hundido.
- Le ________ la sanción cuando vieron la cara de inocente que tenía.
- Los dos adivinos ________ que tendría una vida afortunada.

9 DICTADO. Prepara uno de estos dictados para hacerlo en tu cuaderno.

El mensaje

Cuando el capitán del barco pirata dio por concluido el abordaje, advirtió que en el agua había una botella con un papel dentro.

Dos marineros la subieron a bordo con cuidado y extrajeron el extraño mensaje. Pero entre ellos no hubo nadie que lo tradujera con acierto.

El monstruo del lago

En mitad de la ajetreada visita por aquel extraño y bonito paraje, un anciano pescador atrajo de repente mi atención.

Me aparté del grupo y me dirigí hacia él con el fin de conocer más sobre el misterioso lago. El viejo pescador me dijo que en aquellas aguas vivía antiguamente un monstruo tan fiero que ni los más grandes ejércitos habían tenido el coraje suficiente para luchar contra él.

En ese momento, me pareció ver algo en mitad del agua, pero deduje que era mi imaginación.

FICHA 8. Palabras con ll

Se escriben con **ll**:

- Las palabras que terminan en **-illo** e **-illa**: *chiquillo*, *camilla*.
- Los sustantivos que terminan en **-alle**, **-elle**, **-ello**, **-ella**, **-ullo**: *calle, murmullo*.
- Los verbos terminados en **-ellar**, **-illar**, **-ullar** y **-ullir**: *sellar, pillar, bullir*.
- Las palabras que derivan de otras que se escriben con **ll**: *callejero* (de *calle*).

1 Escribe sustantivos con **ll**.

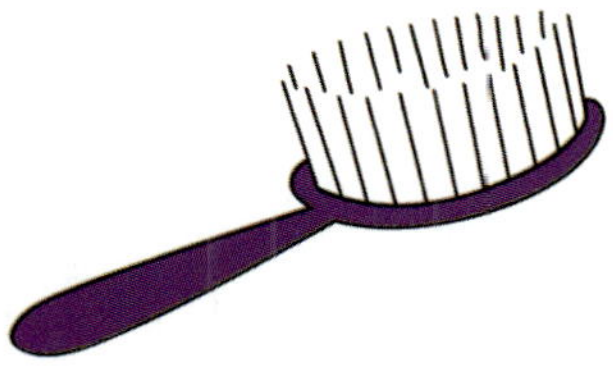

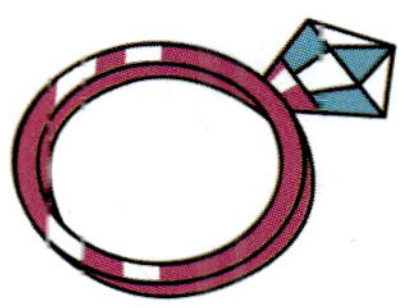

2 Forma otras palabras a partir de las siguientes añadiendo los sufijos **-illo** o **-illa**.

-illo ▶ • fleco • molino • bolso • bastón • azúcar • mercado

-illa ▶ • barba • boca • corona • guinda • lámpara • máscara

Elige tres palabras de cada grupo y escribe oraciones con ellas.

3 Copia las oraciones cambiando las palabras destacadas por diminutivos en **-illo** o **-illa**.

- Un **chico** se subió a un árbol.
- La gata atrapó un **ratón** de campo.
- Julia miraba por la **ventana** del tren.
- Encontró al **perro** que se había perdido.
- Creo que tenemos un **problema**.
- A la abuela le encanta estar con su **nieta**.
- Te he traído un **regalo** de mi viaje.
- Se veía una **luz** encendida.

4 Completa estas oraciones con la palabra adecuada.

orgullo | calles | muelle | destello | murmullo

- Las ______ del centro de Sevilla están en obras.
- Para la jugadora es un ______ ser la capitana de su equipo.
- Los pasajeros esperaban en el ______ la llegada del barco.
- Desde el salón de su casa oía el ______ de la gente en las terrazas.
- El ______ de los relámpagos a lo lejos anunciaba la llegada de la tormenta.

5 Escribe una palabra acabada en **-ello** o **-ella** para cada definición.

- Rastro que dejan personas, animales o cosas.
- Pelo del cuerpo de las personas.
- Plato típico de Valencia que se hace con arroz.
- Parte del cuerpo entre cabeza y tronco.

6 Escribe la palabra de la que procede cada una de las siguientes:

- llavero
- pollería
- llamarada
- toallero
- orgulloso
- gallinero
- lluvioso
- millonario
- rodillera
- bollería
- semillero
- cepillado
- mullido
- martillear
- caballero

7 Copia y completa las oraciones con formas de estos verbos.

Si no conoces el significado de alguna palabra, búscala en el diccionario.

apabullar
rastrillar
farfullar
escabullir
zambullir

- Con los nervios solo consiguió ______ su nombre.
- La actriz ______ al público con su magnífica interpretación.
- El jardinero ______ todo el parque para sacar las malas hierbas.
- Los submarinistas se ______ en el agua del lago.
- Los ladrones se ______ entre la gente.

8 Escribe un breve texto en el que uses las siguientes palabras:

- belleza
- camello
- destellar
- brillar
- amarillo
- sencillo

9 DICTADO. Prepara uno de estos dictados para hacerlo en tu cuaderno.

Las semillas y las gallinas

Silvia se desternillaba de risa. Cada vez que Manuel, el granjero, se enfadaba, hablaba mascullando, y no se le entendía nada.

Esta vez el motivo era algo que decía de las semillas y las gallinas... Y aunque Silvia no entendía nada, no podía dejar de reír. ¡Era tan gracioso cuando hablaba así!

Rosina, la estrella

Rosina era una veterana y famosa estrella de cine. Llevaba años brillando en la pantalla, deleitando al público con sus dotes artísticas y su arrolladora personalidad.

Sin embargo, en los últimos años de su carrera, la habían encasillado en papeles fáciles, que no suponían ningún reto para ella.

Un día, mientras cepillaba su traje en el camerino, decidió que terminaría con esa situación. No iba a renunciar a su sueño: dejar una huella imborrable en la historia del cine.

FICHA 9. Palabras con y

Se escriben con **y**:

- Las palabras que terminan en los diptongos **-ay**, **-ey**, **-oy** y **-uy**: *ley*. Salvo algunas excepciones, como *fui*.
- Las formas de los verbos que llevan el **sonido consonántico Y** y no tienen ni **y** ni **ll** en su infinitivo: *oyeron* (del verbo *oír*).

1 **Completa con sustantivos acabados en y.**

- La reina y el ____.

- La vaca y el ____.

2 **Averigua el significado de estas palabras y escribe una oración con cada una.**

grey	carey	guirigay	noray

3 **Copia las formas verbales destacadas y escribe al lado su infinitivo.**

- Durante la noche, se **oyeron** ruidos extraños en el piso de arriba.
- Carolina y Miguel **leyeron** las noticias del periódico en clase.
- Estaba **yendo** a la casa de Diego cuando empezó a llover.
- La entrevistada **rehuyó** las preguntas de la periodista.
- Los ratones **royeron** un enorme trozo de queso.

Ahora, explica la norma ortográfica que siguen esas formas verbales.

4 **Copia y completa el texto con formas verbales del pretérito perfecto simple de estos verbos:**

destruir	construir	sustituir	caer

El viejo campanario

El campanario de nuestra bonita localidad se ____ en el siglo pasado. Hace algunos años ____ un rayo sobre él y ____ una parte muy importante de su estructura. Por fortuna, se ____ la parte dañada y hoy en día sigue en funcionamiento.

5 Escribe oraciones con la primera persona del singular del presente de indicativo de estos verbos:

dar · estar · ser · ir

6 Copia y completa el diálogo con formas de los verbos **ir** o **haber**.

Un plan interesante

–______ un concierto muy interesante en el teatro.

–¿Te parece bien que ______ juntos?

–Me encantaría, pero no creo que ______ entradas.

–A lo mejor, sí. ______ a averiguarlo.

7 Copia las órdenes negativas escribiendo la forma verbal que corresponde.

Tú ve. ▶ Tú no ______.

Vosotros id. ▶ Vosotros no ______.

8 Completa con las interjecciones **ay**, **uy** o **caray**.

¡Qué caro!

¡Qué olvido!

¡Qué daño!

9 Copia cambiando las formas de futuro por formas del pretérito perfecto simple.

- El escritor concluirá su novela con un final espectacular.
- Los premios se distribuirán entre todos los participantes del evento.
- Elena sustituirá a su compañera en el partido de baloncesto del domingo.
- En invierno disminuirán los pedidos de ese artículo.

10 DICTADO. Prepara uno de estos dictados para hacerlo en tu cuaderno.

La visita

Hoy Jimena oyó un ruido extraño. Había entrado un gato en su casa. Se acercó despacio, para que no huyera, pero se le cayó una bandeja llena de cubiertos y el gato desapareció.

Cuando se recuperó del susto, Jimena se lamentó de haber ahuyentado al pobre animal. ¡Con lo que a ella le gustaban los gatos!

El jersey de punto

Rocío quería regalarle a su abuela un jersey hecho con sus propias manos. Creyó que podría hacerlo si alguien le daba unas cuantas clases y buscó una academia donde la instruyeran en el arte de tejer.

Pero pronto se dio cuenta de que era más difícil de lo esperado. Definitivamente, no estaba hecha para eso.

Su profesor la oyó quejarse y, con paciencia, la ayudó a elaborar la prenda: sería el jersey más bonito del mundo.

FICHA 10. Palabras con h

Se escriben con **h**:

- Las formas de los verbos **haber**, **hacer**, **habitar**, **hablar**, **hallar**, **helar**, **herir**, **hinchar** y **hundir**: *hay*, *hacía*, *habitarán*, *hable*, *hallo*, *helaba*, *herí*, *hinchen*, *hundieron*.
- Las palabras que empiezan por **hum-** seguido de vocal: *humana*.
- Las palabras que empiezan por **herm-**, **histo-**, **horr-** y **hosp-**: *hermoso*, *historia*, *horrible*, *hospitalario*.
- Las palabras que empiezan por **hie-**, **hue-**: *hielo*, *huevo*.
- Las palabras derivadas y compuestas de otras que llevan **h**: *humareda* (de *humo*).

1 Completa los carteles con formas de los verbos *haber, hacer* o *hablar*.

Se necesita dependiente que [redacted] inglés.	Se [redacted] retratos por encargo.	¡Atención! No [redacted] salida.

2 Copia las oraciones poniendo en plural las formas verbales.

El ciclista hinchó la rueda para la carrera.

La rueda del coche se hundió en la arena.

3 Completa las oraciones con formas de estos verbos:

helar
herir
habitar
hallar

- No [redacted] nadie en ese caserón desde hace tiempo.
- Sus duras palabras le [redacted] en lo más profundo.
- Este invierno se [redacted] el lago.
- El entrevistado no [redacted] una respuesta adecuada a la pregunta.

4 Completa las oraciones con palabras que comiencen por **hum-** seguido de vocal.

- En esa habitación hay mucha [redacted] por culpa de las goteras.
- Cuando se incendió la casa, salió mucho [redacted].
- Es mejor no molestarla, hoy no está de buen [redacted].

Busca en el diccionario palabras que no conozcas con *hum-* seguido de vocal y escribe oraciones con ellas.

5 Agrupa las palabras que comienzan por estas letras:

herm-	histo-	horr-	hosp-

- horrorizar
- hermano
- hospedaje
- hermoso
- historia
- hermético
- horrible
- historiadora
- hospital
- hermandad

Escribe alguna palabra más con el mismo comienzo.

Pueden ser palabras de la misma familia que las que has copiado.

6 Escribe sustantivos que empiecen por **hie-** o **hue-**.

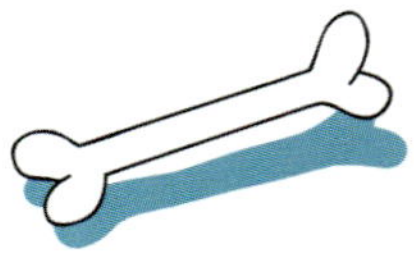
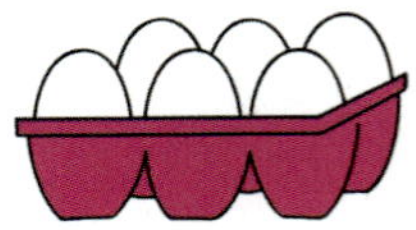

7 Copia y completa las oraciones con palabras que empiecen por **hie-** o **hue-**.

- Los trabajadores hicieron ______ durante dos días para exigir mejoras laborales.
- Le pidieron que hiciera una dieta rica en ______ y vitaminas.
- Tiene un ______ alojado en su casa desde hace dos semanas.
- La ______ del campo de fútbol estaba mojada.

8 Escribe palabras derivadas de las siguientes:

- helado
- hoja
- hidratar
- herir
- humano
- humilde
- húmedo
- hierro
- hambre
- hacer
- higiene
- higo
- hinchar
- honor
- hundir

9 DICTADO. Prepara uno de estos dictados para hacerlo en tu cuaderno.

El hotel de la playa

Miguel y su hermana se han hospedado en un hotel a la orilla del mar.

Es un lugar hermoso donde van a poder pasear y descansar. En invierno no es un sitio agradable, ya que la humedad se te mete hasta los huesos, pero en verano hace una temperatura ideal. ¡Seguro que lo disfrutan!

Vida de estudiante

Hace un tiempo que Begoña salió de su pequeño pueblo para estudiar Historia en la universidad. En la ciudad, se hospeda en un piso cerca del hospital. Desde allí puede ver el lago del parque, que en invierno siempre tiene una buena capa de hielo.

Begoña habla maravillas de su carrera y de la ciudad aunque se siente un poco sola. Pero pronto su hermano irá a vivir con ella. Él va a estudiar Ingeniería, porque lo que le gusta son las máquinas. Y es que son muy diferentes.

FICHA 11. Palabras con x

Se escriben con **x**:

- Las palabras que empiezan por los prefijos **ex-** y **extra-**: *extraterritorial*.
- Las palabras que comienzan por la sílaba **ex-** seguida del grupo consonántico **pr**: *exprimir*. Se exceptúan las palabras *espray* y *esprint*.
- Muchas de las palabras que empiezan por la sílaba **ex-** seguida del grupo consonántico **pl**: *explicar*. Se exceptúan algunas palabras, como *espliego* o *espléndido*.
- Las palabras derivadas y compuestas de otras que se escriben con **x**: *exactitud* (de *exacto*).

1 **Escribe sustantivos que contengan x.**

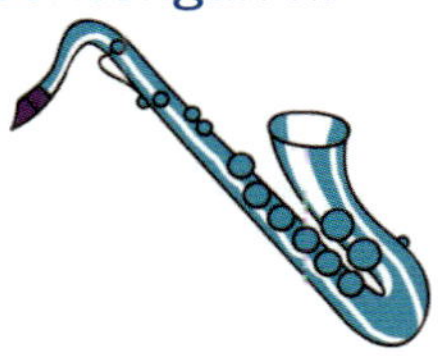
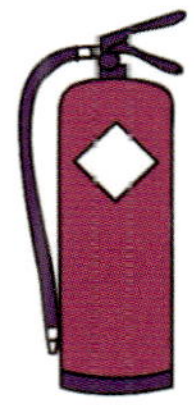

2 **Forma palabras nuevas añadiendo los prefijos ex- o extra- a estas palabras:**

- oficial
- fino
- militar
- ordinario
- portar
- traer
- plano
- poner
- combatiente
- radio
- terrestre
- cavar
- judicial
- tender
- limitación
- escolar

Copia y completa las oraciones con algunas de esas palabras.

- Se trasladaron a una casa con jardín en el ____ de la ciudad.
- El detective dio algunos detalles a la periodista de manera ____.
- Por favor, tenéis que ____ bien el mantel encima de la mesa.
- Estas prestigiosas científicas estudian indicios de vida ____.
- Después de clase asiste a las actividades ____.

3 **Copia completando con s o x las palabras de cada familia.**

e✻presar	e✻presión	e✻presivo	e✻presividad
e✻plicar	e✻plicativo	e✻plicable	ine✻plicable
e✻plendor	e✻plendoroso	e✻pléndido	e✻pléndidamente

4 Copia y completa con la palabra adecuada.

mixto
exprés
expreso

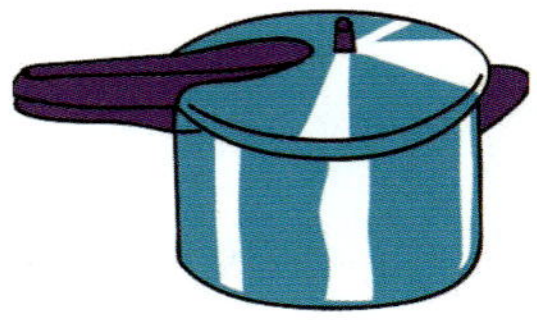
una olla ___

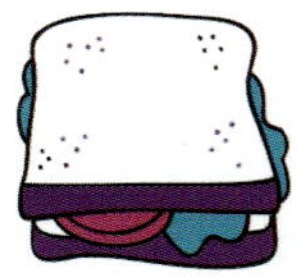
un sándwich ___

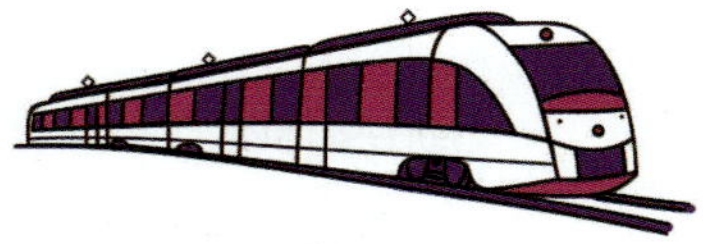
un tren ___

5 Escribe palabras de la misma familia que cada una de estas:

- excepción
- explosión
- exclusividad
- expresividad

6 Copia sustituyendo cada palabra destacada por su sinónimo.

próximo | flexible | exquisito | tóxico

- Lo hizo con un material **elástico**.
- No se vende ningún producto **venenoso**.
- Eva va a correr a un parque **cercano**.
- Manuel preparó un chocolate **delicioso**.

7 Busca estas palabras en el diccionario y escribe oraciones con ellas.

- exhausto
- exótico
- extravagante
- expectativa

8 Completa con **s** o **x**.

- e✻tinguir
- e✻ageración
- e✻celente
- e✻amen
- e✻cusa
- e✻clamativo
- e✻acto
- e✻clusivo
- e✻cesivo
- e✻pectacular
- e✻halar
- e✻perar

9 DICTADO. Prepara uno de estos dictados para hacerlo en tu cuaderno.

¡Vaya retraso!

El taxi pasó como una exhalación por la plaza. Bruscamente, se detuvo ante la puerta del teatro. Dentro iba un extraño personaje con un traje negro exquisito y un espléndido sombrero de copa. Parecía alguien importante. Más tarde descubrimos que era un actor que llegaba excesivamente tarde a su función.

Una mujer comprometida

Quienes conocieron a la abuela Adela la describen como una mujer generosa y sencilla. Siempre estaba atenta a las necesidades de cualquiera, conocidos y extraños.

Todos, sin excepción, coinciden en contar que a ella no le gustaba dar explicaciones sobre sus actividades solidarias. No entendía por qué causaban tanta expectación. Adela no encontraba nada excepcional ni extraordinario en su comportamiento. Sin embargo, nadie duda de que la suya fue una labor espléndida, llena de generosidad.

FICHA 12. Los dos puntos

Se escriben **dos puntos** en estos casos:

- Después de anunciar una enumeración: *Había gente de toda Europa: de Portugal, de Italia, de Francia, de Alemania...*
- Antes de reproducir las palabras exactas que dice una persona: *El organizador dijo: «Espero sus propuestas»*. Esas palabras van entre comillas.
- Al comienzo de las cartas: *Estimados vecinos y vecinas: Nos reuniremos la próxima semana.* En las cartas, tras los dos puntos se escribe mayúscula.

1 **Copia las oraciones incluyendo las palabras que anuncian la enumeración.**

tres días a la semana	estas ciudades italianas	varios frutos rojos

- Voy a nadar a la piscina municipal los lunes, los miércoles y los viernes.
- Este verano estuvimos en Roma, Florencia, Pisa y Venecia.
- Hice una tarta de cumpleaños con fresas, frambuesas, moras y arándanos.

2 **Observa los dibujos y completa las oraciones con enumeraciones.**

- En el frutero hay frutas de muy distintos tipos ____.
- Esteban eligió tres camisetas para meterlas en la maleta ____.
- Marina guardó en la caja sus tres juguetes favoritos ____.

3 **Escribe una enumeración anunciándola previamente.**

4 **Completa el diálogo con los textos de los bocadillos.**

No olvides utilizar los dos puntos y las comillas en las intervenciones de cada persona.

Pablo le dijo a Sabrina ____.

Sabrina le contestó ____.

Inventa y añade dos intervenciones más al diálogo.

5 Observa estos mensajes y di qué error contiene cada uno:

> Querida abuela:
>
> te escribo para contarte que la próxima semana iré a verte.
>
> Marga

> Hola, Javier
>
> He encontrado tu libro de recetas. Te lo dejo encima de la mesa.
>
> Mamá

6 Escribe un saludo y una despedida adecuados para estos dos textos:

- Una carta para una amiga que se ha ido a vivir lejos.
- Una nota para un vecino al que no conoces.

Después, elige uno de esos textos y escríbelo.

7 Jugad por parejas a escribiros notas.

Recuerda empezar las notas con un encabezamiento y pon la firma al final.

8 Copia esta carta escribiendo los signos de puntuación que faltan.

> Queridos Norma y Hugo
>
> ¡Por fin volvemos a casa! Hemos recorrido el norte de España Galicia, Asturias, Cantabria, País Vasco y Navarra.
>
> Ha sido un viaje muy bonito y enriquecedor.
>
> Un abrazo
>
> Alicia

9 DICTADO. Prepara uno de estos dictados para hacerlo en tu cuaderno.

Las islas Baleares

Estimada redactora:

He leído su artículo con verdadero interés y tengo que decirle que me ha encantado la descripción que hace de las cinco islas del archipiélago balear: Mallorca, Menorca, Ibiza, Formentera y Cabrera.

Le pediría que en su próximo artículo incorpore también alguna fotografía.

Espíritu de superación

Ramón se había presentado con ilusión al concurso de pintura, pero no había ganado.

Al día siguiente, acudió a su estudio y, como si nada hubiera pasado, preparó sus útiles de pintor: los pinceles, las pinturas, el caballete...

A pesar de la tristeza por no haber conseguido el premio, estaba poseído por una extraña energía. Una voz en su interior le decía: «Tienes que seguir pintando».

Y eso fue lo que hizo desde entonces: pintar, pintar y pintar para volver a intentarlo.

FICHA 13. Otros signos ortográficos

Son también signos ortográficos la raya, las comillas y los paréntesis:

- La **raya** se utiliza para introducir las palabras de un diálogo:
  –Hola, buenas tardes.
- Las **comillas** se emplean para reproducir exactamente las palabras que dice alguien: *Me indicó dónde era: «La primera puerta de la izquierda»*.
- Los **paréntesis** se utilizan para introducir en una oración datos aclaratorios como fechas, lugares, explicaciones…: *El barco llegó a Sicilia (Italia).*

1 Copia el texto escribiendo raya donde corresponda.

El ensayo

Toda la clase estaba preparada para empezar el ensayo. La directora dijo:

¿Os habéis aprendido los papeles?

Sandra contestó:

Yo me sé las cuatro primeras escenas.

Y Sergio comentó:

¡Qué hacha! Yo solo me he podido estudiar la primera.

La directora puso cara de resignación y dijo:

Bueno, pues vamos a ver esa primera escena.

2 Lee y escribe un texto contando lo que sucede.

Usa la raya para introducir las intervenciones de cada personaje.

3 Copia introduciendo las palabras exactas que diría la profesora.

La profesora anunció que iba a recoger los dibujos. Luego propuso hacer un mural con todos los trabajos.

4 Copia y escribe comillas cuando corresponda.

Un éxito rotundo

El joven autor teatral Matías Redondo se mostraba muy satisfecho ayer, tras el estreno de su obra, y decía a los periodistas que le esperaban a la salida del teatro: Es como un sueño. Ver mi obra representada por esta gran compañía teatral ha colmado todas mis aspiraciones.

Matías solo tiene veinte años. Ya lo dicen las críticas: Seguiremos hablando de él.

5 Copia las oraciones incluyendo el dato que corresponda entre paréntesis.

Grecia	19 de marzo	1919-2013	1886

- El próximo lunes se celebra el Día del Padre.
- La novela *Los pazos de Ulloa* fue escrita a finales del siglo XIX por Emilia Pardo Bazán.
- Este año será Capital Europea de la Cultura la ciudad de Atenas.
- En 2007 recibió el Premio Nobel de Literatura Doris Lessing.

6 Completa el texto incluyendo entre paréntesis los datos que faltan.

Miguel de Cervantes

Cervantes nació en Alcalá de Henares ______ en 1547. Tras vivir en varias ciudades españolas e italianas, fijó su residencia en Madrid. Algunos años antes ______, había publicado la primera parte de su obra más famosa ______ y diez años más tarde ______ vio la luz su segunda parte. Murió en Madrid el 23 de abril de 1616.

7 DICTADO. Prepara uno de estos dictados para hacerlo en tu cuaderno.

Un día señalado

El Día del Libro (el 23 de abril) es una fecha señalada en todo el país. En las librerías se hacen descuentos y se ofrecen obsequios.

Mara (la representante de las librerías) comunicó a la prensa el lema de este año: «Regala un libro, regala ilusión». Y añadió:

—Aprovechen el tiempo, lean y disfruten.

Una promesa del arte

La joven escultora Carmen Urdí (Sevilla, 1997) ha sido distinguida con un importante galardón. Durante la ceremonia de entrega del premio (celebrada en su ciudad natal) la artista ha agradecido la distinción: «Estoy impresionada por la relevancia que ha adquirido mi obra en tan poco tiempo».

Tanto el público como la prensa han valorado muy positivamente su obra. Un reconocido crítico de arte ha dicho de ella: «Es una autora muy creativa, con un admirable estilo personal».

FICHA 14. Palabras con dificultades ortográficas I

ahí	hay	**Ahí** es un adverbio de lugar. **Hay** es una forma del verbo *haber*.
rayo	rallo	**Rayo** es sustantivo o una forma del verbo *rayar* ('hacer rayas'). **Rallo** es una forma del verbo *rallar* ('hacer virutas').
a	ha	**A** es una preposición. **Ha** es una forma del verbo *haber*.
hecho	echo	**Hecho** es el participio del verbo *hacer* o un sustantivo. **Echo** es una forma del verbo *echar*.
arroyo	arrollo	**Arroyo** es un sustantivo. **Arrollo** es una forma del verbo *arrollar*.

1 Copia y completa las oraciones con **ahí** o **hay**.

- ______ unas flores muy bonitas en la floristería del barrio.
- Intentaré pasar por ______ cuando salga de clase.
- No ______ ningún sombrero que me quede tan bien como este.
- El collar que buscaba no está ______, no lo encuentro.

2 Observa los dibujos y escribe oraciones utilizando **ahí** y **hay**.

Ejemplo: *Ahí, en la caja, hay manzanas.*

3 Copia y completa con **rayo** o **rallo**.

Entró un ______ de luz en la habitación que estaba a oscuras.

4 ¿Qué se puede rallar?

- chocolate
- leche
- queso
- sardinas

Escribe oraciones usando ese verbo.

5 Completa las oraciones con **a** o **ha**.

- Ana va ______ ir por la tarde ______ casa de su hermana.
- Emilio ______ paseado por el parque que hay al lado de su casa.
- Espero ______ María, que está ______ punto de llegar.
- El alumno ______ preparado bien el examen, seguro que aprueba.

6 Imagina y contesta a las preguntas utilizando **a** o **ha**.

- ¿Adónde va Sandra?
- ¿Dónde ha estado Daniel?
- ¿Qué ha hecho antes Sandra?
- ¿Qué va a hacer Daniel?

7 Completa las oraciones con **hecho** o **echo**.

- Esta mañana he ______ todos los deberes que tenía pendientes.
- ¿Te ______ un poco más de azúcar en el té?
- La policía analiza el ______ que produjo el accidente.
- Me ______ encima una manta cuando tengo frío.
- David ha ______ la comida porque le encanta cocinar.

Escribe tú dos oraciones con el sustantivo *hecho*.

8 Analiza las formas verbales destacadas en las siguientes oraciones:

- Miguel **ha hecho** un trabajo excelente.
- Al salir de casa **echo** la llave de la puerta de la calle.

9 Completa estas expresiones con **hecho** o **echo**.

Trato ______.	Te ______ de menos.	Lo ______ a suertes.

Escribe una oración con cada expresión.

10 Copia y completa las oraciones con **arroyo** o **arrollo**.

- La fuente la encontrarás al lado de un ______ que cruza el camino.
- Casi ______ con el carro a ese señor sin darme cuenta.
- Cuando camino distraída, ______ al que se cruza conmigo.
- El río recibe agua de un ______ de alta montaña.

11 Escribe una oración en la que uses el sustantivo **arroyo** y otra en la que uses la forma verbal **arrollo**.

FICHA 15. Palabras con dificultades ortográficas II

haya	halla	**Haya** es una forma del verbo *haber* y un sustantivo. **Halla** es una forma del verbo *hallar*.
bienes	vienes	**Bienes** es un sustantivo. **Vienes** es una forma del verbo *venir*.
bota	vota	**Bota** es un sustantivo. **Vota** es una forma del verbo *votar*.
cabo	cavo	**Cabo** es un sustantivo. **Cavo** es una forma del verbo *cavar*.
hizo	izo	**Hizo** es una forma del verbo *hacer*. **Izo** es una forma del verbo *izar*.

1 Completa las oraciones con la forma adecuada de cada verbo.

haber

- No creo que ______ tiempo para hacer todo el circuito.
- Cuando ______ terminado, podemos ir a pasear.

hallar

- Óscar ______ mucha satisfacción en hacer reír.
- En los libros ella ______ información útil para su trabajo.

2 Completa las oraciones utilizando las formas verbales **haya** o **halla**.

La policía ______ pruebas en el lugar del robo.

La policía espera que ______ pruebas en el lugar del robo.

Inventa tú oraciones con esas formas verbales.

3 Completa este refrán con la palabra **bienes** o **vienes**.

Año de nieves, año de ______.

Explica el significado de ese refrán.

4 Elige un verbo para cada dibujo y escribe una oración con él.

bota / vota

bota / vota

bota / vota

5 Escribe una oración con cada pareja de palabras:

bota / rebota

vota / votación

6 ¿Cuál de estos dibujos representa un **cabo**?

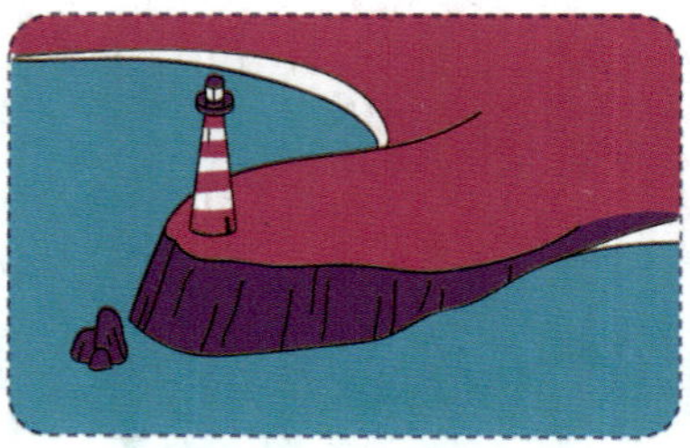

Explica el significado de esa palabra.

7 Copia y completa las oraciones con **cabo** o **cavo**.

- ¿_____ un hoyo para plantar las semillas de margarita?
- El faro estaba en el _____ más visible de la costa.
- Las olas rompían con fuerza contra las rocas del _____.
- Yo _____ un foso alrededor de mi castillo de arena.

8 ¿Qué es un haya? Busca información y escribe un breve texto sobre ese árbol.

9 Copia las oraciones poniendo en singular las formas verbales destacadas.

Ten en cuenta que no debes cambiar la persona verbal.

- **Hicieron** las maletas para irse de vacaciones el lunes.
- **Izaron** con cuidado la vela mayor del barco.

10 Copia y completa las oraciones con **hizo** o **izo**.

- Ayer _____ mucho frío, pero ahora hace bastante calor.
- Como socorrista de la playa _____ la bandera verde con el mar en calma.
- El gato entró sigilosamente, no _____ ningún ruido.